거룩한 두려움

토마스 왓슨

거룩한 두려움
The Great Gain of Godliness

발행일	2017년 5월 10일 초판
	2017년 5월 10일 전자책
지은이	토마스 왓슨 (Thomas Watson)
옮긴이	정시용
발행인	정시용
발행처	프리스브러리
전자 우편	info@prisbrary.com
홈페이지	www.prisbrary.com

Copyright ⓒ 프리스브러리, 2017, Printed in Korea.
ISBN 978-89-6774-029-0 (03230)

이 도서의 국립중앙도서관 출판예정도서목록(CIP)은 서지정보유통지원시스템 홈페이지(http://seoji.nl.go.kr)와 국가자료공동목록시스템(http://www.nl.go.kr/kolisnet) 에서 이용하실 수 있습니다. (CIP제어번호 : CIP2017010836)

이 책의 성경 구절은 보다 정확한 내용 전달을 위해 원문에 사용된 성경 구절을 직접 번역하여 실었습니다.

차례

들어가는 글 ·· 5

제1장_악한 시기에 경건하게 사는 것 ······································ 7
1. 여호와를 두려워하는 자
2. 악한 시기에 더욱 거룩해야 할 이유
3. 배교의 시대에 은혜를 유지하는 법

제2장_거룩한 두려움 ·· 20
1. 경건한 자의 일반적인 특징
2. 거룩한 두려움과 다양한 은혜
3. 거룩한 두려움을 지녀야 할 이유

제3장_거룩한 두려움의 역할 ··· 30
1. 거룩한 두려움의 필요성
2. 하나님에 대한 두려움

제4장_하나님을 두려워하는 자의 특징 ·································· 57
1. 우리 마음속의 거룩한 두려움
2. 하나님을 두려워하는 자가 두려워하는 것

제5장_하나님에 관해 이야기하는 자 ····································· 95

제6장_하나님의 이름을 묵상하는 자 ····································· 115
1. 하나님의 이름을 묵상하기
2. 하나님에 대해 묵상해야 하는 이유
3. 하나님을 묵상하는 방법

제7장_**하나님을 두려워하는 자의 유익** ················· 141
  1. 하나님께서 귀를 기울이심
  2. 기념 책에 기록하심

제8장_**하나님을 두려워하는 자의 축복** ················· 164
  1. 만군의 여호와
  2. 하나님의 소유됨
  3. 성도들의 명예를 높이심
  4. 성도들을 감싸주심

제9장_**의인과 악인의 운명** ································ 216

들어가는 글

그리스도인 독자에게,

> 책을 많이 쓰는 것은 끝이 없고, 공부를 많이 하는 것은 몸을 지치게 한다. (전 12:12)

책은 〈머리로 낳는 자녀〉입니다. 수많은 책이 쏟아져 나오는 오늘날 저술의 시대에 저는 더 이상 펜을 들지 않을 생각이었으나, 이 주제가 매우 중요하기도 하고 친구들의 권유도 있어서 결국 이 책을 내게 되었습니다. 이 책의 목적은 굳건한 믿음생활을 독려하고 경건한 삶이 아무런 유익도 없다고 여기는 무신론자의 주장에 반박하기 위한 것입니다. 사울 왕은 신하들에게 〈이새의 아들이 너희 모두에게 각각 밭과 포도원을 주겠느냐?〉(삼상 22:7)라고 했습니다. 그렇다면 세상이나 인간의 정욕은 그들에게 하나님께서 그분의 백성에게 내려주시는 것과 같은 고귀한 축복을 줄 수 있을까요? 그렇지 않으며, 오직 거룩한 삶만이 우리에게 영광의 꽃다발을 안겨줄 것입니다!

이 책의 겉모습은 수수하지만, 여기에 담긴 진리는 천연의 광채를 지닌 다이아몬드처럼 찬란한 빛을 내뿜습니다! 바울도 고린도 사람들에게 유창한 말과 화려한 웅변으로 복음을 전한 것이 아니었으며(고전 2:1), 그들의 환심을 사려고 하기보단 그들을 회심시키려 했습니다. 안타깝게도 지금은 물질적으로는 풍성하지만 영적으로는 대부분 추상적 관념이나 형식주의에 빠져 있으며 〈참된 신앙〉은 거의 증발한 시대입니다. 〈지식〉은 영혼의 양식이 되어 〈실천〉으로 소화될 때, 비로소 우리를 구원으로 인도합니다. 부디 하나님께서 이 부족한 글에 성령의 도우심과 축복으로 함께하셔서 성도들의 믿음을 굳건하게 해주시길 간절히 기도합니다.

1681년 11월 22일 런던에서
토마스 왓슨

악한 시기에 경건하게 사는 것

1. 여호와를 두려워하는 자

그때에 여호와를 두려워하는 자들이 서로 자주 이야기하고, 여호와는 그것을 분명히 들으셨다. 주님 앞에 있는 기념 책에 여호와를 두려워하며 그분의 이름을 기억하는 자들에 관해 기록되었다. 전능하신 여호와께서 〈내가 나의 보석들을 완성하는 그 날에, 그들은 나의 소유가 될 것이다. 사람이 자기를 섬기는 아들을 감싸주는 것처럼, 내가 그들을 감싸줄 것이다. 그리고 너희는 의인과 악인, 하나님을 섬기는 자와 그렇지 않은 자의 차이를 다시 보게 될 것이다〉라고 말씀하신다. (말 3:16~18)

〈진리의 책〉(단 10:21)은 믿음의 밑바탕입니다. 특히 지금 살펴본 성경 구절은 매우 고결하고 영광스러운 내용을 담고 있습니다. 이것은 〈전달자〉란 이름의 말라기 선지자가 기록하였습니다. 그는 하늘에 계신 하나님의 대사로 보내졌습니다. 이 선지자는 너무도 유명해서 오리겐을 비롯한 여러 사람이 그를 천사라고 착각하는 실수를 범하기도 했습니다. 말라기는 두 번째 성전이 건축된 이후에 살았으며, 학개 및 스가랴 선지자와 동시대 인물입니다. 이 복된 선지자는 나팔처럼 목소리를 높여 유대 민족에게 그들의 죄를 지적했습니다. 그는 구약에서 마지막으로 울린 나팔 소리였습니다. 이 책에서 다룰 본문 구절인 말라기 3장 16~18절은 다음과 같은 내용으로 구성되어 있습니다.

1) 경건한 자의 특징
- 일반적으로, 그들은 여호와를 두려워하는 자이다.
- 구체적으로, 그들은 서로 자주 이야기하고 하나님의 이름을 기억하는 자이다.

2) 경건한 자의 유익
- 주님께서 그들의 이야기를 유심히 들으신다.
- 주님께서 기념 책에 기록하신다.

- 주님께서 보상으로 그들을 소유하고 명예를 높이며 감싸주신다.

각 부분을 자세히 살펴보기 전에 이 말씀의 첫 부분에 있는 〈그때에〉란 단어를 빠뜨리지 않도록 주의해야 합니다.

〈그때에〉 여호와를 두려워하는 자들이 서로 자주 이야기했다.

그때는 이스라엘 민족이 바빌론 포로 생활에서 해방되어 돌아온 이후이며, 대다수 백성이 부패하여 그들이 용광로에서 연단받기 전보다 더욱 악화된 시기였습니다! 이처럼 악한 시절에도 여호와를 두려워하는 자들은 서로 자주 이야기했습니다.

따라서 시대가 악하다고 우리의 열정이 느슨해지면 안 되며 오히려 더욱 뜨거워져야 합니다. 다른 자들이 느슨해질수록 우리는 더욱 엄격해져야 합니다. 사람들의 거만함이 극에 달해 하늘을 향해 불경한 말을 내뱉던 타락한 시기에, 여호와를 두려워하는 자들은 서로 자주 이야기했습니다. 다른 자들이 원고였을 때 이들은 피고였으며, 다른 자들이 하나님을 심문할 때 이들은 하나님을 변호하였습니다.

노아 시대에도 모든 육신은 부패했습니다. (그들은 물에 빠져 죽기 전에 이미 죄에 빠져 죽은 상태였습니다.) 그런 시기에 노아는 당대의 완전한 자였으며 하나님과 동행했습니다. (창 6:9) 그는 마치 그 시대의 불사조와 같은 자였습니다. 아타나시우스는 온 세상이 아리우스의 이단 사상에 빠져 있을 때 홀로 진리를 수호했습니다. 다른 자들이 죄로 악해질수록 우리는 더욱 용감하게 진리를 사수해야 합니다. 무신론자들이 〈하나님을 섬기는 것은 헛되다〉라고 말할 때, 여호와를 두려워하는 자들은 서로 자주 이야기했습니다.

2. 악한 시기에 더욱 거룩해야 할 이유

우리는 어째서 악한 시기에 더욱 거룩하게 살아야 할까요?

우선 하나님께서 명령하셨기 때문입니다. 하나님은 우리에게 〈완전하라〉(마 5:48), 〈주의 깊게 살펴라〉(엡 5:15), 〈우상숭배자를 멀리하라〉(고후 6:17), 〈어두운 세상에 빛처럼 밝게 비추어라〉(빌 2:15)라고 명하십니다. 또, 죄인과 어울리거나 그들의 행위를 따라 하지 않도록 금하십니다. 지옥에 이르는 길은 잘 다져진 넓은 길이며, 주님은 악을 행하는 다수를 따르지 말고 그 길에서 돌아서라고 말씀하십니다. (출 23:2) 이것만으로도 부패한 시기에 우리를 깨끗하게 지켜야만 할 충분한 이유가 됩니다. 하나님의 말씀이 우리가 지켜야 할 규범인 것처럼, 하나님의 뜻은 우리가 행동해야 할 이유입니다.

또, 악한 시기에 거룩하게 사는 것은 은혜를 받았다는 징표이기 때문입니다. 평온한 시기에 신앙을 고백하는 것은 그리 어려운 일이 아닙니다. 만일 〈복음의 여왕〉이 각종 보석으로 치장하고 있다면, 거의 모든 사람이 그녀의 환심을 사려고 할 것입니다. 하지만 사람들이 복음을 비방하고 매도하며 진리를 핍박하는 시기에 하나님의 길을 따르며 진리를 사랑하는 것은 하나님의 은혜가 그와 함께한다는 확실한 증거입니다. 죽은 물고기는 강물을 따라 떠내려가지만, 산 물고기는 물살을 거슬러 헤엄칩니다. 이처럼 악한 시대의 흐름을 거슬러 헤엄치는 자는 그 안에 은혜가 살아있기 때문입니다. 엘리야 선지자는 사람들이 하나님의 제단을 무너뜨리는 시기에도 전능하신 여호와를 향한 열정이 식지 않았으며, 그로써 그의 마음과 입술이 제단의 숯에 닿아 정결케 되었음을 입증했습니다.

그러므로 시대의 흐름에 타협하며 신앙을 짜맞추는 자는 그리스도인이라 부르기에 적합하지 않습니다. 그런 자는 최선의 길이 아니라 가장 안전한 길을 모색합니다. 타협하는 자는 다른 사람의 말에 쉽게 휘둘리며, 때로는 동쪽을 향해 때로는 서쪽을 향해 절하고, 정결한 양심보다 안전한 삶을 소중히 여깁니다. 그들은 수성처럼 변덕스럽고, 바람이 바뀔 때마다 선로를 변경하는 항해사 같으며, 가나안 말과 아스돗 말을 함께 사용하는 혼혈 이스라엘인처럼 행동합니다. 요세푸스는 사마리아인을 묘사하면서 유대인이 번성할 때는 동족인 듯하다가 유대인이 박해받는 시기에는 관계를 끊어버리는 자들이라고 했는데, 타협하는 신앙인의 모습이 꼭 이런 사마리아인 같습니다. 옛 뱀은 인간에게 구부러진 길을 가르쳐주어 진리가 아니라 세상 권력에 의지하는 신앙을 갖게 합니다.

타락한 시기일수록 우리는 더욱 신앙의 열정을 유지해야 합니다. 얼어붙은 시기일수록 거룩한 집념으로 더욱 뜨겁게 불타올라야 합니다. 우리는 죄가 더욱 흔하고 아무렇지 않게 여겨지는 시궁창 같은 시기에 살고 있습니다. 이럴 때 〈더 이상 이 세상의 방식을 따르지 마라〉(롬 12:2)라는 말씀처럼 세상과 반대로 걷는 것은 매우 훌륭한 일입니다. 찔레 덤불 사이 핀 백합이나 장미처럼 사십시오. 죄는 유행처럼 번지며 결코 더 나아지지 않습니다! 또한, 〈대다수가 하는 일을 따라서 했을 뿐이다〉라는 변명은 마지막 날에 통하지 않습니다. 하나님은 〈네가 다수를 따라 죄를 지었으니, 그들과 함께 지옥으로 가라!)라고 말씀하실 것입니다. 아, 시궁창 같은 곳에서도 정결함을 유지하며, 짠 바닷물에서도 신선함을 유지하는 물고기처럼 지내며, 연기 나는 화덕 속에서 빛나는 횃불처럼 되십시오. (창 15:17)

타락한 시기에 거룩하게 사는 것은 하나님께서 크게 기뻐하시는 일입니다. 본문 말씀에서도 주님은 성도들의 거룩한 모임과 이야기를 매우 기뻐하셨습니다. 다른 이들이 하나님을 비난할 때, 하나님의 거룩한 남은 자들은 장차 임할 영광과 생명에 관해 이야기했으며, 하나님은 그것을 아름다운 음악 소리처럼 귀담아들으셨습니다.

음란한 세대에 거룩한 영을 유지하는 것은 그리스도인에게 명예로운 일입니다. 이것이 사탄의 권좌가 있던 곳에서도 그리스도의 이름을 굳게 붙들었던 버가모 교회에게 주어진 영광입니다. (계 2:13) 세상에 가득한 불경함은 오히려 하나님의 은혜를 더욱 돋보이게 해주는 금박과도 같습니다. 암브로스의 말대로 그리스도인은 상록수처럼 겨울철에도 푸르고 신선할 때 가장 아름답습니다. 완전한 사람을 주시하며, 올바른 자를 지켜보십시오. (시 37:37) 올바른 자는 언제라도 사람들에게 모범이 되지만,

특히 그가 어둠 속에서도 밝은 별처럼 빛나며 모든 것을 잃더라도 고결함을 굳게 유지할 때는 더욱 큰 존경을 받습니다.

방탕한 시대에서 경건하게 사는 것은 연약한 새신자에게 큰 용기를 주며, 떨리는 무릎을 굳세게 하고(사 35:3), 무너지려 하는 성령님의 전을 떠받쳐줍니다. 한 사람의 열정이 다른 이들에게 불을 붙여주는 횃불이 됩니다. 순교자들의 지조가 얼마나 많은 사람의 마음을 진리에 대한 사랑으로 불타게 했는지 모릅니다! 물론 우리를 구원하는 것은 오직 그리스도께서 흘리신 보혈뿐이지만, 순교자들이 흘린 피도 우리의 신앙을 굳세게 하는 데 큰 도움을 줍니다. 바울이 감옥에 갇힌 덕분에 네로 황제의 법정에서 여러 사람이 회심하게 되었고, 그중 두 사람은 후에 순교자가 되었다고 전해집니다. 순교자 브래드퍼드의 조언과 모범은 페라르 감독의 믿음을 굳세게 하여 그가 로마 가톨릭에 오염되지 않게 했습니다.

신앙을 고백한 자들이 믿음을 버리고 이방 종교에 빠지는 것은 참으로 안타까운 일입니다. 율리아누스 황제는 이교도 신에게 바친 제물의 피로 목욕을 하여 자신이 받았던 이전의 세례를 씻어냈습니다. 율리우스 카이사르 황제 시절, 풍성한 수확을 마친 포도밭에 머루가 맺히는 기이하고 불길한 현상이 있었다고 합니다. 이처럼 의의 열매를 맺을 것처럼 보이던 자가 결국에는 불경건한 열매를 맺기도 합니다.

> **의의 길을 알고 난 이후에 거룩한 명령에서 돌아서는 것보다, 차라리 의의 길을 몰랐던 편이 그들에게 나았을 것이다.** (벧후 2:21)

이런 점을 모두 고려해 아무리 시대가 악하다고 해도 끝까지 거룩함의 능력을 유지하십시오. 비록 다른 이들이 우리가 그들만큼 죄짓지 않는 것을 이상히 여기며 따돌릴지라도, 많은 무리와 함께 지옥에 가는 것보다 소수와 함께 천국에 가는 편이 낫다는 사실을 결코 잊어서는 안 됩니다.

> **좁은 문으로 들어가라. 이는 멸망에 이르는 길은 넓고 그 문은 커서 많은 자가 그곳으로 들어가기 때문이다. 하지만 생명에 이르는 길은 좁고 그 문은 작아서 오직 소수만이 그것을 발견한다.** (마 7:13~14)

3. 배교의 시대에 은혜를 유지하는 법

그런데 어떻게 하면 배교의 시대에도 우리가 받은 은혜의 생기와 열기를 유지할 수 있을까요?

첫째, 우리 마음이 세상에 너무 많이 신경 쓰지 않도록 주의하십시오. 모래가 불을 꺼뜨리듯, 세상은 신앙의 열정을 꺼뜨립니다. 비록 우리는 〈원수를 사랑하라〉라는 명령을 받았지만, 〈세상이나 세상에 있는 것을 사랑하지 마라〉(요일 2:15)라는 말씀처럼 세상은 우리가 사랑하면 안 되는 적입니다. 세상은 우리를 달콤한 말로 현혹한 후에 은으로 된 흉기로 찌릅니다. 세상을 사랑한 데마는 결국 가룟 유다처럼 될 것입니다! 세상을 사랑하는 자는 돈 몇 푼으로 거룩한 대의를 저버리기도 하고 선한 양심을 파멸시키기도 합니다.

둘째, 자원하는 마음으로 경건함에 참여하십시오. 〈제가 진리의 길을 택하였습니다〉(시 119:30)라는 말씀처럼 자원하여 하나님을 섬기는 일을 택하십시오. 선을 행하는 것과 거룩한 목적을 지니는 것은 별개의 일입니다. 위선자는 선을 행하더라도 오직 세속적인 목적으로 할 뿐입니다. 그들은 세속적 유익을 위해 잠시 복음을 받아들이지만, 시간이 지날수록 점차 복음에서 멀어집니다. 도금된 돌은 금박을 벗겨내면 가치가 사라집니다. 이처럼 거짓된 마음은 황금빛 번영으로 싸여있을 때는 선한 척하지만, 금박을 벗겨내면 선해 보였던 것이 모두 사라집니다. 배교의 시대에 우리의 신앙을 유지하기 위해서는 순수한 마음으로 자원해서 하나님을 섬겨야 합니다. 자원하는 마음으로 경건하게 사는 사람은 화려한 금박이 전혀 없어도 거룩함 그 자체를 사랑하며 복음을 끝까지 따릅니다.

셋째, 신실함을 마음에 새기십시오. 나무가 휘는 이유는 재질이 견고하지 않기 때문입니다. 사람의 양심이 휘는 이유도 그의 마음이 견고하지 않기 때문입니다.

> **그들의 마음이 하나님을 향해 신실하지 않았고, 주님의 언약에 충실하지 않았다.** (시 78:37)

신실함은 흔들림 없는 안정감을 낳습니다. 바울도 악한 시기에 전신 갑주를 입고 굳건히 서라고 권고하면서 진리의 허리띠로 허리를 동여매라고 명령했습니다. (엡 6:14) 진리의 허리띠는 다름 아닌 신실함을 뜻합니다.

넷째, 그리스도를 사랑하십시오. 사랑은 거룩한 연료입니다. 사랑은 감성에 불을 지피며, 용기를 굳건하게 하고, 세상을 향한 사랑과 죽음의 공포에서 벗어나게 합니다. 이 사랑은 많은 물로도 끌 수 없습니다. (아 8:7) 사랑은 그리스도로 하여금 우리를 위해 고난받게 하였습니다. 누군가 그리스도는 무엇 때문에 죽었느냐고 물으면, 그 대답은 〈사랑 때문에 죽으셨다〉입니다. 우리가 그리스도를 사랑한다면 아무리 안 좋은 시기라도 주님을 섬길 것이며, 죄와 타협하여 목숨을 부지하느니 차라리 〈생명과 재산은 모두 가져가고, 다만 그리스도를 주시오!〉라고 외칠 것입니다.

다섯째, 악한 시기에도 은혜를 계속 유지하려면, 악인들의 비방과 모욕에 마음을 단단히 해야 합니다. 다윗은 술주정꾼의 놀림거리였습니다. (시 69:12) 조롱받는 것쯤은 그리스도인에게 아무것도 아닙니다. 별에게 아무리 〈곰〉, 〈용〉과 같은 우스운 이름을 붙여도 그 빛이 조금도 퇴색하지 않는 것과 같습니다. 모욕은 십자가 파편에 불과합니다. 사람들의 조롱조차 참을 수 없다면 화형대에 매달려 순교 당하는 일은 어떻게 견뎌내겠습니까? 그리스도를 위해 받는 비난은 영광의 깃발이며, 하나님의 자녀가 받는 훈장입니다. (벧전 4:14) 그리스도인은 이런 비난을 면류관처럼 여겨야 합니다. 악인으로서 하나님께 정죄 받는 것보다, 경건한 자로서 사람들에게 멸시받는 편이 훨씬 낫습니다. 여러분의 신앙을 가볍게 여기지 마십시오. 절름발이가 똑

바로 걷는 자를 보고 비웃는다고 해서 그 역시 절뚝거리며 걸어야 할 필요는 없습니다.

여섯째, 악한 시기에 헌신을 계속 유지하려면, 날마다 하나님께 은혜를 구해야 합니다. 습관처럼 굳어진 은혜는 시들어집니다. 베드로는 은혜가 습관처럼 굳어진 탓에 시험에 들었고, 비록 승리를 내어주지는 않았지만 한 번의 전투에서 패하였습니다. 우리에게는 항상 우리를 도우시는 하나님의 은혜가 필요하며, 우리 안에 내주하는 은혜뿐 아니라 우리와 함께하시는 하나님의 은혜도 필요합니다. (고전 15:10) 성령님께서 불어넣어 주시는 은혜는 우리로 하여금 세상의 거친 풍랑을 헤쳐나갈 수 있도록 도와줍니다. 그럴 때 우리는 이 부패한 시기에 요동하지 않는 시온 산처럼 뜨거운 열정을 계속 유지할 수 있습니다.

거룩한 두려움

1. 경건한 자의 일반적인 특징

책의 서두에서 본문 말씀인 말라기 3장 16~18절을 살펴봤으며, 이제는 〈경건한 자의 일반적인 특징〉에는 어떤 것이 있는지 알아보겠습니다. 〈여호와를 두려워하는 자들〉(말 3:16)이란 표현에서 볼 수 있듯이, 경건한 자는 곧 〈하나님을 두려워하는 자〉입니다. 그렇다면 하나님을 〈두려워하는 것〉, 또는 다른 말로 〈경외하는 것〉이란 구체적으로 무엇을 의미할까요? 일단 잘못된 것부터 살펴보겠습니다.

첫째, 이것은 〈그들이 거리에서 만날 위험을 무서워한다〉(전

12:5)라는 말씀처럼 위험이 닥쳤을 때 무서워 떠는 것과 같은 〈자연적인 두려움〉을 의미하지 않습니다.

둘째, 이것은 〈죄악된 두려움〉을 의미하지도 않습니다. 죄악된 두려움에는 두 가지가 있는데, 하나는 〈미신에 대한 두려움〉입니다. 가령, 침대에서 유혹하는 매춘부는 전혀 두려워하지 않으면서도, 길에서 만난 검은 고양이는 겁을 내는 것입니다. 또, 〈사람에 대한 두려움〉이 있습니다. 이것은 영혼을 부들부들 떨게 하는 열병과도 같습니다. 겁이 많은 사람은 배반할 확률이 높으며, 결국 동료를 함정에 빠뜨리고 하나님을 부인하게 됩니다. 그리스도는 성경의 한 장에서 무려 세 번이나 사람을 두려워하지 말라고 경고하셨습니다. (마 10:26~31) 아리스토텔레스는 카멜레온이 다양한 색으로 변하는 이유가 지나친 두려움 때문이라고 했습니다. 이처럼 사람을 두려워하는 것은 카멜레온처럼 경우에 따라 우리의 신앙을 바꾸게 합니다.

〈두려움 속에는 고통이 있다〉(요일 4:18)라는 말씀처럼 사람에 대한 두려움은 고통스럽습니다. 여기서 헬라어로 〈고통〉이란 단어는 때때로 지옥을 묘사하는 데 사용되었습니다. (마 25:46) 즉, 사람에 대한 두려움 속에는 지옥이 있는 것입니다. 또, 사람을 두려워하는 것은 매우 해롭습니다. 두려움에 사로잡힌 제자들은 기도하는 대신 도망쳤으며(마 26:56), 〈사람을 두려워하는 것은 올무에 걸리게 한다〉(잠 29:25)라는 말씀처럼 우리로 하여금 죄악된 수단에 의존하게 합니다. 베드로가 그리스도를 부인하고 오리겐이 우상에게 향을 피운 것은 무엇 때문이었습니까? 바로 사람에 대한 두려움이었습니다.

잘못된 두려움을 알아봤으니, 이제 올바른 두려움에 대해 살펴보겠습니다. 본문 말씀에 나오는 두려움은 〈거룩한 두려움〉을 뜻합니다. 즉, 하나님의 거룩하심을 우러러보고 흠모하며, 주님께서 거룩한 눈으로 우리의 모든 행위를 항상 지켜보고 계심을 확실히 인식하는 것입니다. 지극히 높으신 하나님과 비천한 우리 사이의 무한한 차이가 우리로 하여금 이런 두려움을 느끼게 합니다. 하나님의 영광이 산에 임했을 때, 모세는 〈내가 심히 두렵고 떨린다!〉(히 12:21)라고 했습니다. 가벼운 마음으로 하나님 앞에 나아가거나 상스럽고 경망스럽게 하나님을 경배하는 사람은 이런 두려움이 없는 자입니다.

〈여호와를 두려워하는 자〉라는 말은 〈두려워하는 행동〉과 〈여호와라는 대상〉으로 되어 있습니다. 하나님을 두려워하는 것이야말로 진정한 신앙을 한 마디로 압축한 것입니다.

> 전체의 결론은 이러하니, 너는 하나님을 두려워하고 그분의 계명을 지켜라. 이것이 인간의 본분이다. (전 12:13)

거룩한 두려움은 가장 먼저 주어지는 은혜로써 하나님께서 우리 마음에 뿌려주신 첫 번째 씨앗입니다. 참된 그리스도인이라면 아무리 확신도 없고 믿음이 작을지라도 자신이 하나님을 두려워한다는 사실만큼은 부인할 수 없습니다. (느 1:11) 하나님은 너무도 위대하신 분이라 그리스도인은 주님이 실망하시는 것을 두려워하며, 또한 주님은 너무도 좋은 분이라 그리스도인은 그분을 잃게 되는 것을 두려워합니다.

하나님을 두려워하는 것은 그리스도인이 마땅히 해야 할 의무입니다.

> 하나님을 두려워하라. (전 5:7)

> 여호와 너의 하나님의 영광스럽고 놀라운 이름을 두려워하라. (신 28:58)

이런 하나님에 대한 두려움은 성도가 지녀야 할 가장 기초적인 것입니다. 이성이 없으면 사람이라고 할 수 없듯이, 하나님에 대한 두려움이 없으면 그리스도인이라 할 수 없습니다. 이 거룩한 두려움은 성도의 영혼이 지니는 확고한 기질이자 성향이며, 이것은 노예가 아니라 자녀로서 느끼는 두려움입니다. 하나님을 두려워하는 것과 무서워하는 것에는 차이가 있습니다. 경건한 자는 자녀가 아버지를 대할 때처럼 하나님을 두려워하지만, 악인은 죄인이 재판관을 대할 때처럼 하나님을 무서워합니다!

2. 거룩한 두려움과 다양한 은혜

이 거룩한 두려움은 다른 여러 은혜와 연합될 때 더욱 소중해집니다.

첫째, 하나님에 대한 두려움은 〈사랑〉과 연합됩니다. (시 145:19~20) 정숙한 아내는 남편을 사랑하기 때문에 그가 실망하는 것을 두려워합니다. 두려움과 사랑은 반드시 함께 있어야 합니다. 〈사랑〉은 영혼의 움직임을 민첩하게 하는 돛이며, 〈두려움〉은 참된 신앙을 안정되게 유지하는 무게 추입니다. 두려움이 균형을 잡아주지 않으면 사랑은 쉽게 방탕해질 것입니다.

둘째, 하나님에 대한 두려움은 〈믿음〉과 연합됩니다. 믿음으로 노아는 거룩한 두려움을 느끼고 방주를 준비했습니다. (히 11:7) 하나님의 거룩하심과 우리의 죄악된 모습을 볼 때, 우리는 두려워하게 됩니다. 하지만 그것은 그리스도의 공로를 믿는 믿음과 연합된 두려움이기에, 우리 영혼은 두려워 떨면서도 하나님을 신뢰합니다. 마치 닻을 내린 배가 바람에 흔들리면서도 닻에 의해 단단히 고정된 것과 같습니다. 지혜로우신 하나님은 믿음과 두려움이라는 두 가지 은혜를 하나로 묶으셨습니다. 두려움은 우리를 진지하게 하고 믿음은 우리를 명랑하게 합니다. 두려움은 그물에 달린 납덩이처럼 그리스도인이 이리저리 휩쓸려 다니지 않게 해주며, 믿음은 그물에 달린 코르크처럼 절망 속에 가라앉지 않게 해줍니다.

셋째, 하나님에 대한 두려움은 〈신중함〉과 연합됩니다. 하나님을 두려워하는 자는 비둘기처럼 순결하며 뱀처럼 지혜롭습니다. 그는 다른 사람이 걸려 넘어지는 돌부리를 미리 내다보고 피해갑니다. 신중한 자는 위험을 보고 피하지만, 미련한 자는 그대로 나아가다 화를 당합니다. (잠 22:3) 거룩한 두려움은 우리를 겁쟁이로 만드는 것이 아니라 신중하게 행동하도록 합니다.

넷째, 하나님에 대한 두려움은 〈소망〉과 연합됩니다. 여호와의 눈은 그분을 두려워하는 자, 곧 그분의 변치 않는 사랑에 소망을 둔 자들 위에 있습니다.(시 33:18) 얼핏 두려움이 소망을 파괴할 것 같지만, 오히려 두려움은 소망을 자라나게 합니다. 두려움은 마치 등불 속의 기름처럼 소망의 불을 꺼지지 않게 합니다. 하나님의 정의로움을 두려워할수록 우리는 더욱 그분의 자비를 소망하게 됩니다. 물론 하나님을 두려워하지 않는 자들도 때로는 소망을 품기도 하지만, 그것은 〈은혜를 통한 선한 소망〉(살후 2:16)이 아닙니다. 죄인은 〈소망의 투구〉(살전 5:8)를 쓴 척 하지만, 결코 〈의의 흉갑〉(엡 6:14)은 입지 않습니다.

다섯째, 하나님에 대한 두려움은 〈열심〉과 연합됩니다. 믿음으로 노아는 거룩한 두려움을 느끼고 방주를 준비했습니다.(히 11:7) 하나님을 마치 가혹한 재판관처럼 여기는 세속적인 두려움도 있습니다. 이런 두려움은 우리를 〈제가 두려워서 밖으로 나가 주인님의 달란트를 땅에 숨겨두었습니다〉(마 25:25)라고 하며 의무를 소홀히 하게 합니다. 반대로 성실한 두려움도 있습니다. 그리스도인은 두려워하며 기도하고, 두려워하며 회개합니다. 두려움은 열심을 부추깁니다. 신부는 단장을 마치기 전에 신랑이 도착할 것을 두려워하며 그를 맞이하기 위해 부지런히 몸을 치장합니다. 두려움은 우리의 눈을 부릅뜨게 하고 손을 부지런히 움직이게 합니다. 두려움은 게으름을 몰아냅니다. 거룩한 두려움을 지닌 자는 〈참된 신앙생활을 하는 것이 아무리 힘들고 어렵더라도 지옥에서 느끼는 고통에 비하면 아무것도 아니다〉라고 고백합니다. 하나님에 대한 두려움만큼 우리로 하여금 경건의 경주에서 박차를 가하게 하는 것은 없습니다.

3. 거룩한 두려움을 지녀야 할 이유

우리가 하나님에 대한 거룩한 두려움을 지녀야 하는 이유는 다음과 같습니다.

첫째, 하나님의 눈이 항상 우리를 지켜보시기 때문입니다. 이 땅에서도 자신이 섬기는 군주의 눈길을 의식하는 자는 그를 노엽게 하는 일을 하지 않으려고 조심할 것입니다. 주님께서 우리 길을 보시며 우리 모든 걸음을 세시지 않습니까?(욥 31:4) 하나님은 어둠 속에서도 지켜보십니다. 주님께는 어둠조차 어둡지 않고, 밤이 낮처럼 환하며, 어둠과 빛이 비슷합니다.(시 139:12) 밤도 구름도 하나님의 시야를 가릴 수 없습니다. 하나님은 마음을 보십니다. 세상의 재판관은 오직 드러난 사실만을 판단할 수 있지만, 하나님은 마음을 판단하십니다. 〈나 여호와는 생각을 살피며 마음을 시험한다〉(렘 17:12)라고 말씀하십니다.

에스겔에 나오는 바퀴처럼 눈으로 가득하며(겔 10:12), 모든 것을 살피십니다. 그러니 우리는 두렵고 신중한 태도로 살아야 하지 않겠습니까? 재판관이신 주님께서 내려다보고 계시는데 어찌 우리가 죄를 지을 수 있겠습니까!

둘째, 하나님은 우리가 주님을 두려워하지 않는 것을 그분을 업신여기는 일로 보시기 때문입니다. 하나님을 칭송하지 않는 것이 그분께 잘못을 범하는 일이듯, 하나님을 두려워하지 않는 것은 그분을 업신여기는 일입니다. 인간도 자신이 무시당하는 일을 가장 견디기 힘들어합니다. 어찌하여 악인은 하나님을 무시할까요?(시 10:13) 벌레 같은 인간이 창조주를 멸시하는 일은 하나님의 분노를 치솟게 합니다!(겔 38:18)

셋째, 하나님께는 우리를 멸할 능력이 있기 때문입니다. 몸과 영혼을 지옥에서 멸하실 수 있는 분을 두려워하십시오.(마 10:28) 하나님은 우리를 눈빛만으로 죽이실 수 있고, 입김만으로 지옥에 보내실 수 있습니다. 그런데도 그분을 두려워하지 않을 것입니까! 지옥의 불길이 별것 아닌 것 같습니까? 누가 주님이 발하시는 진노의 능력을 알겠습니까!(시 90:11) 지옥의 영원한 불길을 무엇으로 끌 수 있겠습니까? 우리는 우리를 해치려 하는 사람을 무서워하지만, 그들의 능력은 하나님과 비교했을 때 어떠합니까? 그들은 겨우 감옥에 가둘 뿐이지만, 하나님은 지옥에 던지십니다. 그들은 겨우 생명을 위협할 뿐이지만, 하나님은 영혼까지 위협하십니다. 그러니 우리가 주님 앞에서 떨지 않을 수 있겠습니까! 하나님께서 퍼부으시는 진노의 샘이 터져 홍수처럼 쏟아진다면 얼마나 무섭겠습니까!

내가 너를 다루는 날에 네 마음이 견뎌내고 네 손이 강할 수 있겠느냐! (겔 22:14)

질문) 그런데 〈두려움 없이 하나님을 섬겨라〉(눅 1:74)라는 명령도 있지 않습니까?

답변) 이 구절의 두려움은 악인들이 느끼는 무서움이며, 우리는 그런 태도로 하나님을 대해서는 안 됩니다. 그들은 마치 노예가 주인을 대하듯이 하나님을 증오하며 그분이 없었으면 좋겠다고 생각합니다! 우리는 이런 지옥 같은 두려움으로 하나님을 섬기는 것이 아니라 자녀로서 사랑하는 마음으로 섬겨야 합니다.

거룩한 두려움의 역할

1. 거룩한 두려움의 필요성

거룩한 두려움은 〈그리스도인은 하나님을 두려워하며 섬기기 때문에 구원을 확신할 수 없다〉라는 가톨릭의 주장에 반박합니다. 확신과 두려움은 다르긴 하지만 완전히 대조되지는 않습니다. 자녀는 아버지의 사랑을 확신하면서도, 그를 실망시키는 것을 두려워할 수 있습니다. 바울만큼 죄를 두려워한 자가 누가 있습니까?(고전 9:27) 하지만 그는 〈나를 사랑해서 나를 위해 자신을 내어주신 그리스도〉(갈 2:20)라고 고백하며 누구보다도 깊은 확신을 품었습니다. 믿음은 확신을 낳고(엡 1:13), 두려움은 확신을 지속시킵니다.

하나님을 두려워하는 것은 그리스도인의 의무입니다. 이런 거룩한 두려움이 없는 사람은 진정한 신앙이 무엇인지 모르는 자입니다. 경건한 자는 두려워하며 죄를 짓지 않습니다. 하지만 악인은 죄를 지으면서도 두려움이 없습니다. 그들은 마치 〈두려움이 없도록 창조된〉 리워야단과 같습니다. (욥 41:33) 하나님을 두려워하지 않는 것은 모든 악의 근원입니다. 악인은 입에 저주와 독설이 가득하며 발이 피 흘리는 일에 기민한데(롬 3:14~15), 그 이유는 그들의 눈에 하나님에 대한 두려움이 없기 때문입니다!(롬 3: 18)

아브라함은 그랄에 머물렀을 때, 그곳에 하나님에 대한 두려움이 없다고 생각해서 그들이 죄짓기를 주저하지 않으리라 판단했습니다. (창 20:11) 누가복음에 등장하는 재판관은 〈불의한〉 재판관이라고 불렸으며(눅 18:6), 그 이유는 그가 하나님을 두려워하지 않았기 때문입니다. (눅 18:2) 하나님에 대한 두려움은 죄를 억제하는 역할을 하므로, 그것이 없는 곳은 죄가 넘칠 수밖에 없습니다. 강물이 넘치지 않도록 둑을 쌓아놓지 않은 곳에 홍수가 나는 것과 같은 이치입니다. 우리는 현재 불경건한 시대에 살고 있습니다. 하나님을 두려워하는 마음이 있다면 감히 지금처럼 많은 죄를 지을 수 있겠습니까? 하나님을 두려워한다면 어떻게 감히 욕하고, 부도덕하고, 저울을 속이고, 거짓 증언하고, 순결을 업신여기고, 하나님을 조롱하고, 모략을 꾸미고, 그리스도의 몸 된 교회를 박해할 수 있겠습니까? 이런 자들은 세상을 향해 자신이 무신론자이며 영혼의 불멸성을 믿지 않는 자라고 외치는 격입니다. 짐승도 불을 무서워하는데 그들은 지옥불을 전혀 두려워하지 않기 때문에 오히려 야수보다 못합니다. 심지어 그들은 마귀보다 악한데, 마귀들도 최소한 하나님을 〈믿고 떨기〉 때문입니다. (약 2:19)

우리가 사는 세상은 하나님에 대한 두려움이 너무도 부족합니다. 하나님을 두려워하는 자가 이렇게 부족한 이유는 무엇일까요?

첫째, 사람들이 하나님을 두려워하지 않는 이유는 하나님을 잘 모르기 때문입니다.

> **그들이 지식을 미워하고 여호와를 두려워하지 않았다.** (잠 1:29)

모든 죄는 하나님을 잘 모르기 때문에 비롯됩니다. 그들이 하나님의 엄청난 영광을 알았다면 거룩한 두려움에 사로잡혔을 것입니다. 이사야 선지자는 하나님의 영광을 잠깐 본 것만으로 대경실색하여 거룩한 두려움을 느끼며, 〈화로다! 내가 망하였구나! 나는 입술이 부정한 사람이며 부정한 입술을 지닌 백성 중에 살고 있는데, 내 눈이 왕이신 만군의 여호와를 뵈었구나!〉(사 6:5)라고 했습니다. 하지만 하나님을 잘 모르면 하나님에 대한 두려움을 느끼지 못합니다.

둘째, 사람들이 하나님을 두려워하지 않는 이유는 하나님의 자비를 악용하기 때문입니다. 하나님은 자비로우시며, 그분의 주권적인 은혜는 의심할 여지가 없습니다. 하지만 하나님께서 자비를 베푸시는 대상은 누구일까요?

하나님의 자비는 그분을 두려워하는 자들에게 내려질 것입니다. (눅 1:50)

하나님의 정의를 두려워하지 않는 자는 그분의 자비를 맛보지 못합니다. 우리는 요즘 세상에서 하나님에 대한 두려움이 자취를 감춘 것을 애통해야 합니다. 하나님을 두려워하는 곳을 거의 찾아보기 어려운 이유는 무엇일까요? 〈수치〉를 두려워하는 자도 있고 〈위험〉을 두려워하는 자도 있지만, 〈하나님〉을 두려워하는 자는 어디에 있단 말입니까?

일반 사람들뿐 아니라 그리스도인 중에서도 하나님을 진실로 두려워하는 자가 거의 없습니다! 그들은 그저 죄를 감추기 위해 거짓으로 신앙을 고백합니다. 압살롬은 거짓 서원으로 자신의 반역을 감추려 했습니다. (삼하 15:7) 바리새인은 오랫동안 기도하는 행위로 백성을 억압하는 것을 감추려 했습니다. (마 23:14) 이것은 경건한 척하면서 실제로는 사악한 일을 도모하는 매우 추악한 짓입니다. 마치 눈으로 거름 더미를 덮어놓은 것처럼, 새하얀 신앙 고백으로 거짓된 마음을 덮으려는 것입니다! 신앙을 고백한 자들이 짓는 죄는 더욱 끔찍합니다. 들판의 엉겅퀴도 골칫거리지만, 정원의 엉겅퀴는 더욱 골칫거리입니다. 악인의 죄는 하나님을 진노하게 하지만, 그리스도인의 죄는 하나님을 슬프게 합니다.

거룩한 두려움은 우리를 책망합니다.

첫째, 거룩한 두려움은 하나님을 전혀 두려워하지 않고 쾌락에 빠져 방탕하게 사는 죄인을 책망합니다.

> 사람들은 노아가 방주에 들어간 그 날까지 먹고 마시고 장가가고 시집가고 있었다. 그런데 홍수가 나서 그들을 모두 멸망시켰다. (눅 17:27)

아프리카의 〈팀북투〉라는 곳에서는 주민들이 연주하고 춤추는 데 모든 시간을 소비합니다. 오늘날의 한량들도 감각적이고 유쾌한 삶을 추구하느라 정신이 없습니다! 그들은 마치 하나님께서 자기들을 바다에서 유유자적하는 리워야단과 같이 지으시기라도 한 듯, 평생 쾌락을 추구하며 살아갑니다. 〈탬버린과 하프로 노래하며, 피리 소리를 즐깁니다.〉(욥 21:12) 쾌락의 등에 올라타 지옥으로 향하며 즐겁게 멸망으로 나아갑니다!

하나님께서 두려워하라고 명하시지 않았습니까? 우리의 죄를 살펴보면 머지않아 안 좋은 일이 닥치리란 것을 예상할 수 있습니다. 〈하나님의 영광이 떠나가는 것〉이 두렵지 않습니까? 우리의 신앙이 개혁되지 않고 그대로 죽어버리는 것이 두렵지 않습니까? 심상치 않은 재난이 일어나는 것을 보면 심판이 임박한 것이 두렵지 않습니까? 에스겔 선지자는 임박한 심판 앞에서 〈그러므로 우리가 어떻게 기뻐하겠느냐?〉(겔 21:10)라고 했습니다. 하지만 쾌락을 추구하는 정신이 하나님에 대한 두려움을 몰아내었습니다.

> 그들은 상아 침대에 누우며, 안락한 의자에 앉아 기지개 켜고, 양 떼의 어린 양을 잡아먹고, 우리 중에서 송아지를 잡아먹으

며, 비파 소리에 흥얼거린다. (암 6:4~5)

즐거운 쾌락으로 마음이 굳어버린 죄인은 그들의 정욕을 채우느라 그리스도와 복음을 멀리합니다. 그들은 두려움 없이 잔치를 벌입니다. (유 1:12) 하지만 그들은 죽음 이후에 심판이 있으며 지옥불 속에서 값을 치러야 한다는 사실을 잊어버립니다. 터키의 술탄은 자기 부하를 사형시킬 때 그에게 성대한 잔치를 벌여준 다음 식탁에서 끌어내어 목을 매단다고 합니다. 이처럼 사탄도 인간을 죄악된 쾌락에 취하게 한 다음에 그들의 목을 조릅니다! 쾌락을 사랑하는 어리석은 자들은 결국 사해로 떠내려가는 줄도 모르고 요단 강에서 즐겁게 헤엄치는 물고기와 같습니다.

> 부하게 되려는 자들은 유혹과 올무와 많은 어리석음과 해로운 욕망에 빠지는데, 이런 것들은 사람을 파멸과 지옥 형벌에 처하게 한다. (딤전 6:9)

둘째, 거룩한 두려움은 하나님을 두려워하지 않고 안일한 죄인을 책망합니다. 라이스 민족처럼 그들은 〈안일한 백성〉(삿 18:27)입니다. 가장 안전하지 못한 사람이 오히려 누구보다 자신이 넘칩니다! 세속적인 안일함은 인간을 깊은 잠에 빠지게 합니다. 교회 종탑에 둥지를 튼 새는 매일 울리는 종소리에 익숙해져 소음이 전혀 불편하지 않습니다. 마찬가지로 아론의 종소리에 익숙해진 죄인도 이따금 그들의 죄를 지적하는 호통을 들어도 너무 익숙해진 나머지 전혀 놀라지 않습니다.

안일한 죄인은 최악의 삶을 살면서도, 여전히 최선의 구원을 소망합니다. 〈아무리 내 고집대로 행한다 하더라도 나는 안전하다〉(신 29:19)라고 생각합니다. 이것은 마치 독을 마시고도 여전히 건강할 것이라고 믿는 행위와 같습니다. 안일함에 빠진 죄인은 지금도 들릴라의 무릎을 베고 누워 있으면서 언젠가 아브라함의 품에 안길 것이라고 소망합니다!

안일한 죄인은 모든 것이 평안하기 때문에 모두 잘 될 것으로 생각합니다. 다른 사람이 〈속박의 영〉에 관해 이야기하며 죄 때문에 두려워할 때도, 그들은 오히려 그런 고민이 전혀 없는 것으로 인해 하나님께 감사하며, 자기 양심이 평안하다는 이유로 자신이 선한 양심을 지녔다고 착각합니다. 마귀가 성을 지키고 있을 때는 모든 것이 평안한 것처럼 보입니다. (눅 11:21) 근거 없는 평안은 양심에 곧 지진이 일어날 것이라는 전조입니다.

안일한 죄인은 자기 영혼에 신경 쓰지 않습니다. 인간에게 영혼은 이성을 포함하고 있는 매우 고귀한 부분입니다. 안일함에 빠진 죄인은 자기 육신만 소중히 보살피며 영혼은 소홀히 여깁니다. 이것은 마치 시들어버릴 꽃에는 물을 주며 아끼면서 자신이 가진 보석에는 전혀 신경 쓰지 않는 것과 같습니다. 안일한 죄인은 영적인 혼수상태에 빠져 있으며, 내세의 삶에 관심이 없고, 하나님을 별로 두려워하지 않습니다.

셋째, 거룩한 두려움은 최악의 죄인인 조롱하는 자들을 책망합니다. 〈마지막 때에 조롱하는 자들이 나타날 것입니다.〉 (벧후 3:3) 이스마엘 족속처럼 그들은 거룩한 삶을 비웃고 참된 신앙을 조롱하며 성도에게 비난을 퍼붓습니다. 파리의 대학살에서도 교황주의자들은 개신교인을 살해하며 〈지금 너희 하나님이 어디 있느냐? 너희 모든 기도가 도대체 무엇을 이루었느냐?〉라고 비웃었습니다. 이런 자들은 인간의 탈을 쓴 마귀입니다! 그들은 하나님을 두려워하는 것과는 완전히 동떨어져 있습니다! 조롱하는 자들은 결국 지옥의 입구에 앉게 될 것입니다.

2. 하나님에 대한 두려움

거룩한 두려움은 우리가 하나님에 대한 두려움을 마음에 품도록 권면합니다.

항상 두려워하는 자는 행복하다. (잠 28:14)

하나님에 대한 두려움은 우리의 모든 행동에 영향을 줍니다. 그것은 우리를 하나님의 계명 안에서 경건하게 하며, 하나님에게는 거룩하고 사람들에게는 의롭게 살도록 합니다. 또, 약속을 신실하게 지키고 인간관계에서 바르게 처신하도록 합니다. (마 7:12) 그러므로 여러분도 이 거룩한 두려움을 소유하기 바랍니다.

1) 하나님에 대한 두려움은 진정한 성도임을 증명하는 신분증입니다. 옛 성도들은 모두 하나님을 두려워하는 자였습니다. (창 22:12, 행 10:22) 아무리 도덕적으로 고귀한 품성을 지녔다고 해도, 그것만으로 성도가 될 수 없습니다. 진정한 그리스도인은 하나님을 두려워하는 자입니다. 어거스틴은 두려워 떨리는 손으로 천국 문을 두드렸다고 고백했습니다. 그리스도는 택하신 백성을 〈그분의 양〉이라고 부르셨습니다. (요 10:27) 양은 두려워 떠는 천성을 지녔습니다. 성도는 두려워 떨며 감히 다른 이들처럼 제멋대로 살지 않습니다. 또한, 여호와를 두려워하는 것이 진정한 지혜의 시작입니다. (잠 1:7) 지혜는 루비보다 귀합니다. (잠 3:15) 어떤 보석도 지혜보다 더 우리를 아름답게 해주지 못합니

다. 여호와를 두려워하는 것이 우리의 지혜입니다. (욥 28:28)

2) 하나님을 두려워하는 것이 진정한 지혜인 이유는 다음과 같습니다.

첫째, 우리 영혼의 상태를 주의 깊게 살피도록 하기 때문입니다. 지혜는 다름 아닌 우리 자신을 깊이 살피는 것입니다. 하나님에 대한 두려움은 우리로 하여금 영혼의 상태를 비판적으로 관찰하게 합니다. 그들은 스스로 〈내 영혼아, 괜찮으냐? 성장하느냐, 쇠퇴하느냐? 아직도 처음 약속의 품에 안겼을 때처럼 믿음이 어린아이와 같으냐? 아니면 더욱 성장했느냐? 어떠하냐? 은혜와 죄 중에 어떤 것을 따르느냐?〉라고 묻습니다. 그러므로 하나님에 대한 두려움은 균형을 잡아주며 하나님과 우리 영혼의 관계에 주의를 기울이도록 합니다.

제가 마음으로 묵상하며, 제 영이 부지런히 찾습니다. (시 77:6)

둘째, 하나님의 비밀을 이해하게 해주기 때문입니다.

여호와의 비밀은 그를 두려워하는 자와 함께 있다. (시 25:14)

천국의 비밀을 아는 자는 당연히 지혜로울 것입니다. 하나님을 두려워하는 자는 〈택하심의 신비〉(살전 1:4)와 〈하나님의 사랑〉(계 1:5) 과 〈거룩한 기름 부음〉(요일 2:20)에 대해 잘 압니다. 그는 〈그리스도의 마음을 지녔으므로〉(고전 2:16) 하나님의 마음을 압니다.

셋째, 우리로 하여금 깊이 생각하게 하기 때문입니다.

> **제가 저의 길을 깊이 생각했습니다.** (시 119:59)

지혜는 대부분 깊이 생각하는 것을 바탕으로 합니다. 하나님을 두려워하는 자는 세상이 얼마나 헛된지 깊이 생각하기에 감히 그것을 사랑하지 못합니다. 또, 인생이 얼마나 짧은지 깊이 생각하기에 감히 시간을 낭비하지 못합니다. 구원이 얼마나 귀한지 깊이 생각하기에 감히 그것을 무시하지 못합니다.

넷째, 우리를 지혜롭게 행하도록 하기 때문입니다.

> **외부인을 대할 때 지혜롭게 행하고, 세월을 아껴라.** (골 4:5)

하나님에 대한 두려움은 우리로 하여금 온화하게 행하도록 합니다. 〈아브라함은 일어나 헷 자손에게 절했습니다.〉(창 23:7) 경건은 예의를 배제하지 않습니다. 또, 타인의 마음을 상하지 않게 행하도록 하며 추문을 일으키거나 무례하게 굴지 않게 합니다. 하나님을 경외하는 자는 마음에 할례를 받고 조심스럽게 행동합니다.

다섯째, 우리를 지옥에 가지 않도록 해주기 때문입니다. 위험을 멀리하는 것이 곧 지혜이며, 두려움은 우리로 하여금 다가올 하나님의 진노를 피해 달아나게 합니다.

3) 하나님에 대한 두려움은 천국 시민임을 증명하는 가장 확실한 신분증입니다. 여러분은 지식이 있습니까? 사탄도 마찬가지입니다. 신앙을 고백합니까? 사탄도 자신을 〈빛의 천사로 가장합니다.〉(고후 11:14) 그런데 여러분은 하나님을 아버지로서 두려워합니까? 그렇다면 그 부분에서는 사탄을 능가합니다. 하나님에 대한 두려움은 비록 구원을 위한 공로가 되는 것은 아니지만, 우리가 천국 시민이라는 확실한 증거라 할 수 있습니다.

4) 하나님께는 우리가 그분을 두려워해야 할 이유가 많습니다. 하나님은 두려운 위엄으로 둘러싸여 있습니다. (욥 37:22)

첫째, 하나님의 이름인 〈여호와〉에는 위엄이 있습니다. 히브리어로 여호와는 하나님께서 절대적이고 영원하며 독립적인 존재란 의미입니다.

둘째, 하나님의 〈모습〉에는 위엄이 있습니다. 욥은 단지 하나님을 슬쩍 본 것만으로 신성한 놀라움에 휩싸여, 〈제가 주님에 관해 귀로만 들었으나, 이제 제 눈이 주님을 봅니다. 제가 스스로를 혐오하며, 티끌과 재를 뒤덮고 회개합니다〉(욥 42:5~6)라고 하였습니다.

셋째, 하나님의 〈말씀〉에는 위엄이 있습니다. 하나님께서 말씀하실 때는 마치 천둥이 내려치듯이 위엄이 가득하여, 이스라엘 백성에게 율법을 내려주실 때 그들은 〈우리가 죽지 않도록 하나님께서 저희에게 직접 말씀하시지 않게 하여주소서〉(출 20:19)라고 했습니다.

넷째, 하나님의 〈성품〉에는 위엄이 있습니다. 그분의 거룩하심, 권능, 정의로움이 신성의 본질을 드러냅니다.

다섯째, 하나님께서 행하신 〈일〉에는 위엄이 있습니다.

> 그들은 주님의 영광스럽고 놀라운 위엄을 말하고, 저는 주님이 하신 놀라운 일을 묵상할 것입니다. 그들은 주께서 하신 놀라운 일의 권능을 말하며, 저는 주님의 위대한 업적을 선포할 것입니다. (시 145:5~6)

모든 피조물은 하나님의 위엄을 나타냅니다. 하나님의 위엄은 태양 속에서 이글거리며 별들 속에 반짝입니다. 하나님의 위엄은 욥기에 등장하는 놀라운 생명체인 베헤못와 리워야단을 통해 확실히 드러납니다. (욥 40:15, 41:1) 요약하면, 하나님의 위엄은 그분의 자녀들을 겸손하게 하시는 일을 통해 드러납니다. 하나님은 느부갓네살 왕을 들판으로 쫓아내 들짐승처럼 풀을 뜯어 먹게 하셨습니다. 이 모든 것이 두려움을 일으키지 않습니까?

땅의 왕들이 주님을 두려워한다. (시 76:12)

앞으로 모든 적이 하나님을 두려워할 시기, 곧 양심이 깨어나며 사망이 항복하고 마지막 나팔 소리가 울려 퍼질 날이 다가옵니다. 그런데 우리가 이런 하나님을 두려워해야 하지 않겠습니까?

너희가 나를 두려워하지 않느냐? 내 앞에서 떨지 않느냐? (렘 5:22)

하나님의 정의를 두려워하지 않는다면, 심판의 날에 그것을 몸소 체험하게 될 것입니다. 하나님의 무한한 위엄을 두려워하는 것은 심지어 천국에서도 여전할 것입니다. 하나님의 완전한 사랑 덕분에 이 두려움은 고통스럽지 않고 오히려 거룩하고 즐겁고 경건합니다. 천국에서 하나님은 너무도 고귀하여 성도들은 그분을 사랑하고 기뻐하지만, 동시에 하나님은 너무도 위엄이 넘쳐 성도들은 그분을 깊이 존경할 것입니다.

5) 하나님에 대한 두려움은 생명에 이르게 합니다. (잠 19:23)

첫째, 세속적인 의미에서 여호와를 두려워하면 수명이 늘어나지만, 악인의 햇수는 갑자기 끝납니다. (잠 10:27) 〈내가 그를 장수하게 함으로 만족시킬 것이다〉(시 91:16)라는 말씀에서 볼 수 있듯이 장수는 하나님이 약속하신 축복입니다. 행복한 노년을 보내기 위한 가장 좋은 방법은 하나님을 두려워하는 것입니다. 죄는 수명을 단축시킵니다. 많은 사람이 절제하지 못하여 자신의 장기를 상하게 하고 기력을 떨어뜨려 본래 주어진 수명만큼 살지 못합니다.

> 지나치게 악해지지 말고, 어리석은 자가 되지 마라. 어째서 너의 때가 이르기 전에 죽으려 하느냐? (전 7:17)

> 여호와께서 우리에게 이 모든 규례를 따르고 여호와 우리 하나님을 두려워하라고 명령하셨으니, 이는 우리가 항상 유익을 얻어 오늘날처럼 살아있게 하기 위함이다. (신 6:24)

둘째, 영적인 의미에서 여호와를 두려워하는 것은 생명, 곧 영생에 이르게 합니다. 생명은 좋은 것이며, 영원함은 그것을 더욱 좋게 합니다. 어거스틴은 〈영원한 삶이야말로 진정한 삶이다〉라고 했습니다. 가장 즐거운 삶은 끝나지 않고 영원히 주님과 함께 하는 삶입니다. 영광의 등불은 영원히 꺼지지 않고 빛나며, 거룩한 두려움은 하나님과 하는 영원한 삶으로 우리를 인도합니다.

6) 하나님에 대한 두려움은 충분한 만족을 줍니다.

여호와를 두려워하는 자는 만족한 삶을 살 것이다. (잠 19:23)

하나님을 두려워하지 않는 자는 결코 만족하지 못합니다. 그들은 풍요한 중에도 괴로움에 사로잡히며, 지독한 고통이 그에게 임할 것입니다. (욥 20:22) 이상하게도 그들은 충분히 가졌는데도 부족하다고 느낍니다. 하나님을 두려워하지 않는 자에게는 무언가 빠진 것이 있기에 아무리 곳간이 가득 차 있다고 해도 마음이 편하지 않습니다. 쾌락의 단물은 그들의 갈증을 해소해주지 않고 오히려 더 목이 타게 합니다. 로마의 세베루스 황제는 〈나는 세상의 즐거움과 화려함을 모두 누려봤지만, 결코 완전한 만족을 얻지 못했다〉라고 했습니다. 하지만 하나님을 두려워하는 자는 만족한 삶을 삽니다. 첫째, 그는 충분히 만족합니다. 그의 영혼은 은혜로 양심은 평안으로 충만합니다. 거룩한 자는 하나님께서 그의 마음을 기쁨으로 채워주실 때 〈주님, 이제 충분합니다. 제 그릇이 차고 넘쳐 더는 담을 수 없습니다!〉라고 고백합니다. 둘째, 그는 만족한 삶을 삽니다. 이 만족은 죽음에 이를 때도 그치지 않으며, 죽음 이후에는 그에게 면류관이 됩니다!

7) 하나님에 대한 두려움은 가진 것이 적어도 더 낫게 합니다.

가진 것이 적어도 여호와를 두려워하는 것이 더 낫다. (잠 15:16)

어째서 가진 것이 적은데 더 나을까요? 믿는 자는 가진 것이 적을수록 머리 되신 그리스도를 더욱 바라보기 때문입니다. 그들은 가진 것이 적어도 하나님의 사랑이 있기에 더 낫게 여깁니다. 그래서 그들은 적은 소유로도 충분히 자족하며, 다니엘처럼 채소만 먹어도 고기를 먹은 자보다 윤택합니다. (단 1:12)

또, 적은 소유는 앞으로 많은 것을 받게 되리란 약속입니다. 비록 병에 기름이 조금밖에 남아있지 않아도, 그것은 장차 우리 영혼이 천국에서 찬란한 기쁨을 누릴 것이라는 보증입니다. 그러므로 가진 것이 적어도 하나님을 두려워하는 것이 부자이면서 거룩하지 못한 것보다 나으며, 거지 나사로처럼 빵 부스러기를 먹는 편이 부자처럼 진수성찬을 먹는 것보다 훨씬 낫습니다!

8) 하나님에 대한 두려움은 그리스도인을 안전하게 합니다. 어떤 것도 그를 해치지 못합니다. 비록 그의 재산을 모두 빼앗더라도, 그에게는 결코 빼앗을 수 없는 보물이 있습니다. (사 33:6) 비록 감옥에 가두더라도 그의 양심은 자유로우며, 몸을 죽이더라도 그는 장차 부활할 것입니다. 하나님에 대한 두려움의 흉갑을 착용하면 원수의 화살이 꿰뚫지 못합니다.

9) 하나님에 대한 두려움은 우리의 모든 일을 형통하게 해줍니다.

여호와를 두려워하며 그분의 길로 걷는 자는 모두 복되다. 너는 네가 손으로 수고한 것을 먹으며 행복하고 형통할 것이다.

(시 128:1~2)

하나님은 모든 것이 우리의 유익을 위해 합력하게 하며 부족한 것이 전혀 없도록 채워주십니다. 하나님께서 우리에게 건강과 재물이 유익하다고 생각하시면 그것을 기꺼이 주실 것입니다. 하나님은 우리의 행복을 위해 모든 것을 섭리하십니다. 이것이야말로 우리가 굳건한 신앙을 유지할 수 있는 이유입니다. 우리에게 어떤 일이 닥치더라도 하나님을 두려워하는 자는 형통할 것입니다. (전 8:12) 그는 죽더라도 하나님 곁으로 가며, 살아있는 동안에는 세상 모든 것이 그에게 유익이 되도록 합력할 것입니다.

10) 하나님에 대한 두려움은 우리를 정결하게 해줍니다.

여호와에 대한 두려움은 정결하다. (시 19:9)

하나님에 대한 두려움은 본질적으로 순수하고 깨끗하고 눈부신 은혜입니다. 또한, 그것은 마음과 삶을 정결하게 해줍니다. 샘물이 진흙을 씻어내듯이, 여호와를 두려워하는 것은 우리 안에 있는 죄에 대한 사랑을 정화시킵니다. 마음은 하나님이 거하시는 성전이며, 여호와에 대한 두려움은 이 성전에 있는 더러운 것을 모두 쓸어내 그것이 오염되지 않게 해줍니다.

11) 하나님에 대한 두려움은 우리를 하나님께서 받으실 만한 자가 되게 해줍니다. 베드로는 〈모든 민족 중에서 그분을 두려워하는 자를 받으신다〉(행 10:35)라고 했습니다. 바울이 열심히 갈망했던 것은 무엇이었습니까? 그는 하나님께서 자기를 받으

시도록 힘썼습니다. (고후 5:9) 하나님은 거룩한 두려움을 품은 자에게 은총을 베푸십니다. 하나님은 그분을 두려워하지 않는 자를 받지 않으시며 그가 드린 제물도 용납하지 않으십니다.

> 나는 너희의 절기를 싫어하고, 너희의 성회를 기뻐하지 않을 것이다. 너희가 내게 번제와 소제를 드려도 그것들을 받지 않을 것이다. (암 5:21~22)

전염병에 걸린 자가 주는 선물을 받을 자가 누가 있겠습니까!

12) 하나님에 대한 두려움은 영적인 기쁨을 누리게 해줍니다. 하나님을 두려워하는 삶은 슬픔이 가득할 것 같지만, 그렇지 않고 오히려 거룩한 두려움이 기쁨의 통로가 됩니다! 하나님에 대한 두려움은 위로하는 태양의 광선을 예고하는 샛별과 같습니다.

> 주님에 대한 두려움과 성령님의 위로 안에서 행한다. (행 9:31)

하나님에 대한 두려움 속에는 천박하지 않고 굳건한 기쁨이 있습니다. 하나님은 거룩한 두려움에 기쁨을 더하셔서 그것이 비굴함으로 변질되지 않게 하셨습니다.

13) 하나님에 대한 두려움은 다른 모든 것에 대한 두려움을 몰아냅니다. 육신적인 두려움은 참된 신앙을 방해하는 적입니다. 하나님에 대한 두려움은 우리에게서 다른 두려움을 모두 쫓아내 오히려 용기를 북돋아 줍니다. 〈능력 있는 자, 곧 하나님을 두려워하는 자〉(출 18:21)라는 구절을 어떤 역본에서는 〈용기 있는 자〉라고 번역하기도 했습니다. 독재자가 로마를 지배했을 때, 지도층의 다른 인사는 모두 권력을 잃었습니다. 마찬가지로, 하나님에 대한 두려움이 우리 마음을 지배하면 다른 육신적인 두려움은 모두 쫓겨납니다. 에우독시아 황후가 크리소스톰에게 추방한다고 위협하자 그는 〈나는 죄 이외에 아무것도 두렵지 않습니다!〉라고 대답했습니다. 마치 모세의 지팡이가 애굽 마술사의 지팡이들을 삼켜버린 것처럼, 하나님을 두려워하는 것은 다른 모든 두려움을 삼켜버립니다.

14) 하나님에 대한 두려움을 없애는 것은 어리석은 일입니다.

> 내가 어리석은 자들에게 이르길, 〈어리석게 굴지 마라〉라고 하였다. (시 75:4)

첫째, 적을 기쁘게 하는 자는 어리석지 않습니까? 하나님에 대한 두려움이 없는 자가 바로 그렇습니다. 그는 사탄이 미끼로 내민 쾌락과 재물을 덥석 삼킵니다! 이것은 사탄을 기쁘게 하는 일이며, 인간이 지은 죄는 마귀를 즐겁게 합니다. 이처럼 적을 기쁘게 하는 자는 어리석습니다.

둘째, 자유보다 속박을 좋아하는 자는 어리석지 않습니까? 갤리선의 노예에게 자유를 주겠다고 했는데도 자유인이 되기보단 노예로서 노 젓는 일이 더 좋다고 한다면 그를 어리석다고 할 수 있지 않겠습니까? 하나님을 두려워하지 않는 자가 바로 그렇습니다. 복음은 끔찍한 죄에 사로잡힌 그에게 자유를 주겠다고 하는데 그는 정욕의 노예로 남아있기를 원합니다. 그는 율법 아래 있는 자와 같아서 〈제가 주인을 사랑하여 자유의 몸이 되지 않겠습니다〉(출 21:5)라고 합니다. 어리석은 죄인은 〈하나님의 자녀가 누리는 영광스러운 자유〉(롬 8:21)보다 마귀를 섬기는 것을 더 좋아합니다.

셋째, 하나밖에 없는 보석을 걸고 도박을 하는 자는 어리석지 않습니까? 영혼은 하나밖에 없는 보석이며, 죄인은 마치 진주와 다이아몬드를 강에 던져버리는 사람처럼 아무런 두려움 없이 자기 영혼을 세상에 내던집니다. 영혼은 무시하면서 육신을 애지중지하는 사람은 마치 아내는 굶기면서 노예를 배불리 먹이는 자와 같습니다!

넷째, 절호의 기회를 거절하는 자는 어리석지 않습니까? 어떤 부자가 누군가를 양자로 삼아 모든 재산을 물려주겠다고 했는데 이것을 거절한다면 모두 의아하게 생각할 것입니다. 하나님은 죄인에게 그리스도를 주시고 천국의 모든 풍성한 것을 주시겠다고 약속하셨는데, 하나님을 두려워하지 않는 자는 이것을 거절합니다.

> 이스라엘이 나를 원하지 않는다. (시 81:11)

이것은 제정신이라 할 수 없습니다. 여러분은 이런 마귀의 꾀에 넘어가는 어리석은 자가 되지 않기를 바랍니다.

15) 하나님에 대한 두려움은 배교를 막는 확실한 방편입니다. 마귀는 첫 번째 배교자였습니다. 요즘은 이 죄가 너무도 많이 퍼져 있습니다. 선한 양심이 파선한 자가 너무 많습니다. 배교자들은 그리스도를 〈공개적으로 욕되게〉(히 6:6) 하는 자들이라 하였습니다. 하나님을 두려워하는 것은 우리가 배교하지 않도록 방지해줍니다.

> 내가 그들에게 나를 두려워하는 마음을 주어, 그들이 나를 떠

나지 않게 할 것이다.〉(렘 32:40)

하나님은 〈나는 그들을 매우 사랑하여 그들을 떠나지 않을 것이며, 그들은 나를 두려워하여 나를 떠나지 않을 것이다〉라고 말씀하십니다.

16) 하나님을 두려워하는 자에게는 놀라운 약속이 주어졌습니다.

> 내 이름을 두려워하는 자에게는 치유하는 날개를 단 의의 태양이 떠오를 것이다.〉(말 4:2)

이것은 그리스도를 주시겠다는 약속이며, 빛과 생명을 주는 의의 태양이신 주님은 죄인을 의롭게 하는 황금빛을 발하십니다. 또, 태양이 습기를 마르게 하고 공기를 살균하여 깨끗하게 하는 것처럼, 주님도 그분의 날개로 우리를 치유하십니다. 그리스도는 치유의 날개로 우리 영혼의 고집과 부정함을 고쳐주십니다. 그리고 이 태양은 다름 아닌 하나님을 두려워하는 마음을 지닌 자에게 떠오릅니다.

또, 〈작은 자나 큰 자나 여호와를 두려워하는 자에게 복을 주실 것이다〉(시 115:13)라는 약속도 있습니다. 하나님은 이런 자의 이름과 소유와 영혼에 축복을 내려주십니다. 게다가 〈내가 그를 축복하였으니, 그가 반드시 축복을 받을 것이다〉(창 27:33)라는 이삭의 말처럼 이 축복은 결코 취소되지 않습니다! 하나님을 두려워하는 자들은 특별한 백성이며, 아무도 그들의 축복과 장자권을 빼앗을 수 없습니다.

17) 두려움은 구원을 이루는 데 큰 도움이 됩니다.

두렵고 떨림으로 너희 자신의 구원을 힘써 이뤄라. (빌 2:12)

하나님에 대한 두려움은 죄가 들어오지 못하게 막는 화염검과 같습니다. (잠 16:6) 또, 감시탑 위에서 우리 영혼을 지키는 파수병과 같습니다. 두려움은 우리를 신중하게 행하도록 하며, 우리로 하여금 하나님께 도움을 구하도록 기도하게 합니다.

18) 주님은 그분을 두려워하는 자들을 기뻐하십니다.

여호와는 그분을 두려워하는 자들을 기뻐하신다. (시 147:11)

칠십인역에는 이 구절이 〈여호와는 그분을 두려워하는 자들을 향해 선한 뜻을 품으신다〉라고 번역되어 있으며, 어떤 이는 〈여호와는 그분을 두려워하는 자들을 즐거워하신다〉라고 번역했습니다. 하나님은 그분을 두려워하는 자들을 대할 때, 마치 연인과 함께 있는 사람처럼 기뻐하십니다. 하나님은 그들을 〈나의 기쁨이 그에게 있다〉라는 뜻을 지닌 〈헵시바〉(사 62:4)라고 부르십니다. 또, 그들을 시온이라 부르며 〈이곳은 내가 영원히 안식할 곳이며, 내가 여기에 거할 것이다〉(시 132:14)라고 하십니다. 죄인은 〈아무런 기쁨이 없는 그릇〉(호 8:8)이지만, 하나님을 두려워하는 자는 주님께 총애를 받습니다.

19) 오직 하나님을 두려워하는 자만이 구원받은 백성입니다.

구원은 주님을 두려워하는 자들에게 가까이 있나이다. (시 85:9)

구원은 악인에게서 멀리 떨어져 있습니다. (시 119:155) 그들은 구원에서 너무 멀리 떨어져 있어서 결코 그것을 얻을 수 없습니다. 하지만 하나님을 두려워하는 자에게는 구원이 가까이 있습니다. 구원 외에 우리가 바랄 것이 무엇이 있겠습니까? 구원이야말로 우리가 눈물과 수고로 기도하는 모든 것입니다. 구원은 우리가 소망하는 면류관이며 기쁨의 꽃입니다. 그리고 오직 하나님을 두려워하는 자만이 구원의 풍성한 열매를 만끽할 수 있습니다!

지금까지 살펴본 19가지 이유는 여러분이 하나님을 두려워하는 자가 되는 데 도움이 될 것입니다.

하나님을 두려워하는 자의 특징

1. 우리 마음속의 거룩한 두려움

이제 우리 속에 하나님을 두려워하는 마음이 있는지 스스로 철저히 점검해봅시다.

질문) 우리 속에 하나님을 두려워하는 마음이 있는지 어떻게 알 수 있을까요?

1) 하나님을 두려워하는 자는 죄짓는 것을 두려워합니다.

> **제가 어찌 이 큰 악을 행하며, 하나님께 죄를 범할 수 있겠습니까?** (창 39:9)

실로 죄는 악 중의 악입니다. 죄는 우리 본성을 오염시킨 옛 뱀의 독입니다! 죄 안에는 부패와 증오가 있습니다. 죄는 하나님의 광채를 가리며 진노의 폭우를 퍼붓게 하는 〈두터운 구름〉(사 44:22)입니다. 죄는 모든 악보다 더 안 좋습니다. 모든 고통을 모아놓은 바다보다 죄 한 방울에 더 큰 악이 담겨 있습니다!

죄는 모든 고통의 원인입니다. 죄는 세상에 온갖 풍파를 일으킵니다. 결과보다 그것을 일으킨 원인이 더 나쁜 법입니다. 이 악한 태에서 악한 생각, 음행, 간음, 살인, 절도, 탐욕, 악의, 속임, 음탕, 독기 서린 눈, 신성 모독, 교만, 어리석음이 나옵니다. (막 7:21~22)

마치 밖에는 우박이 쏟아지는데 방 안에는 잔잔한 음악이 흐르는 것처럼, 고통을 당하는 중이라도 양심은 고요할 수 있습니다. 하지만 죄를 짓는 것은 양심을 괴롭게 합니다. 네로 황제는 만찬을 즐기며 경기를 관람하는 중에도 마음은 공포로 가득했으며, 그가 살해한 수많은 자가 그를 괴롭혔습니다. 카탈린은 무슨 소리가 날 때마다 깜짝 놀라곤 했습니다. 아벨을 죽인 가인은 한 번의 폭력으로 당시 세상의 절반을 없앴지만, 양심의 가책만큼은 끝내 죽일 수 없었습니다.

죄는 악의 정수이며 〈사망의 쏘는 것〉(고전 15:56)입니다. 죄는 지옥보다 더 해롭습니다. 지옥은 오직 죄인만 고통스럽게 하지만, 죄는 하나님까지 고통스럽게 하기 때문입니다. 지옥에는 정의가 존재하지만, 죄는 불의 그 자체입니다. 죄는 하나님의 영광을 가로채며, 그리스도의 소유를 빼앗고, 우리 영혼의 행복을 강탈합니다. 크리소스톰은 〈지옥의 고통보다 그리스도께 죄짓는 편이 더 나쁘다〉라고 했습니다. 그런데도 죄가 두렵지 않습니까? 하나님을 두려워하는 자는 이 금단의 과실을 만지는 것조차 경계합니다! 이것을 더 구체적으로 살펴보겠습니다.

첫째, 하나님을 두려워하는 자는 죄악된 일이라 생각되는 것은 무엇이든 경계합니다. 그는 맹세를 남발하여 양심에 거리낌이 생기는 일을 하지 않습니다. 또, 그는 하나님께 다른 불을 바치는 것(레 10:1)을 두려워하여, 예배드릴 때 감히 하나님께서 지시하지 않은 다른 것을 섞으려 하지 않습니다. 〈믿음으로 하지 않는 모든 것은 죄이므로〉(롬 14:23) 양심에 거리끼는 일은 삼가는 편이 안전합니다.

둘째, 하나님을 두려워하는 자는 죄의 모양조차 두려워합니다.

모든 악의 모양을 멀리하라. (살전 5:22)

겉으로 보기에도 나쁘고 악하게 보이는 것이 있습니다. 우상을 숭배하는 신전에 가는 것은 비록 그것에 절하지 않는다고 하더라도 악의 모양입니다. 마음이 하나님에 대한 두려움으로 가득한 자는 죄처럼 보이는 것에서 멀리 도망칩니다. 베르나르두스는 〈우리는 죄짓는 행위를 피하는 것으로 평안을 유지하며, 죄의 모양을 피하는 것으로 명예를 유지한다〉라고 했습니다. 하나님을 두려워하는 자는 죄를 지을 기회조차 멀리합니다. 율법은 나실인에게 포도주뿐 아니라 그것을 만드는 포도까지 먹지 말라고 했습니다. 요셉은 여주인의 유혹에서 도망쳤을 뿐 아니라, 그녀와 함께 있는 것조차 멀리했습니다.

악의 모양은 비록 우리의 양심을 더럽히지는 않지만 우리를 보는 다른 사람의 양심에 해를 입힐 가능성이 있습니다. 바울은 〈형제의 연약한 양심을 다치게 하는 것은 그리스도께 죄를 짓는 것이다〉(고전 8:12)라고 했습니다. 악의 모양을 피하지 않고 죄가 틈타게 하는 것은 우리가 정말로 은혜받은 자인지 의심스럽게 합니다. 〈우리를 시험에 들게 하지 마옵소서〉라는 기도를 잊고 마귀의 입으로 돌진하는 사람은 하나님을 두려워하는 자가 아닙니다! 그들은 마치 전염병이 돌고 있는 사람들 사이를 돌아다니는 것처럼 온갖 퇴폐적이고 추잡한 연극을 보는 것을 좋아하며 악인의 무리와 어울립니다. 바울은 〈음행하는 자들과 어울리지 마라〉(고전 5:9)라고 했습니다. 업무상 만나는 것과 어울리는 것은 다릅니다. 폴리카르포스는 마르키온과 같은 이단과 어울리지 않았습니다. 죄인들과 우정을 쌓는 것은 악의 모양이며 죄에 대해 민감하지 못하게 하고 결국 신앙의 진정성을 훼손합니다.

그런데 그리스도께서 죄인과 자주 만나시지 않았습니까?

첫째, 그리스도께서도 자주 악인들이 있는 곳에 갔지만, 그들의 죄를 인정한 것이 아니라 의사로서 병든 자를 고치기 위한 것이었습니다. (막 2:17) 주님은 그들을 회심시키기 위해 만나셨습니다.

둘째, 비록 예수 그리스도께서 죄인과 자주 만나셨다고 해도, 주님의 신성은 충분한 면역력이 있기 때문에 그들의 죄에 전혀 물들지 않습니다. 태양이 대지가 내뿜는 두터운 수증기에 전혀 영향받지 않고 하늘로 날아오르듯이, 죄의 시커먼 독은 의의 태양이신 주님을 조금도 더럽힐 수 없습니다. 그리스도는 아무 흠도 없이 순전하기 때문에 악을 받아들이지 않으십니다. 하지만 우리는 그렇지 못하며 오히려 마음이 부패함으로 가득 차 있습니다. 그래서 악한 자들과 어울리면 쉽게 영향을 받아서 매우 위험합니다. 하나님의 거룩하심을 두려워하는 자는 감히 죄 근처에 다가가지 않습니다. 불타는 용광로 근처에 다가서면 그 속에 들어가지 않아도 불길에 타 죽습니다. (단 3:22)

셋째, 하나님을 두려워하는 자는 감히 은밀한 죄를 짓지 않습니다. 위선자도 수치심 때문에 노골적인 죄를 짓지는 않지만, 은밀한 죄를 짓는 것은 주저하지 않습니다. 그는 가게 창문을 모두 닫고 안에서 은밀히 거래하는 상인 같습니다. 하지만 하나님을 두려워하는 자는 보는 사람이 전혀 없어도 감히 죄를 범하지 못합니다.

> 너희는 귀먹어리를 저주하지 말며, 소경 앞에 장애물을 놓지 말고, 다만 너희 하나님을 두려워하라. (레 19:14)

귀먹어리를 저주해도 그는 듣지 못합니다. 소경이 가는 길에 장애물을 놓아도 그는 보지 못합니다. 하지만 하나님을 두려워하는 자는 사람들이 보거나 들을 수 없는 죄마저도 멀리합니다. 하나님께서 보고 계신다는 사실만으로도 죄를 짓지 않을 충분한 이유가 됩니다.

넷째, 하나님을 두려워하는 자는 아무리 큰 이익을 얻는 일이라도 감히 죄를 짓지 않습니다. 재물은 사탄이 영혼을 낚을 때 사용하는 황금 미끼입니다. 이것은 마귀가 그리스도를 유혹할 때 마지막으로 사용한 것입니다.

내게 엎드려 경배하면, 이 모든 것을 그대에게 주겠소. (마 4:9)

너무도 많은 사람이 황금 우상에 엎드려 경배합니다! 태양을 멈췄던 여호수아도 황금을 뒤쫓는 야간의 물욕을 멈추지 못했습니다. 하지만 하나님을 두려워하는 자는 감히 사익을 위해 죄를 짓지 않습니다. 다윗은 자신이 차기 왕이 될 것을 이미 알았으면서도 주님이 기름 부으신 자에게 손대지 않았습니다. (삼상 26:23) 경건한 자는 두둑한 돈주머니가 양심을 판 대가라는 것을 잘 압니다.

다섯째, 하나님을 두려워하는 자는 감히 복수심을 채우려 하지 않습니다. 호메로스는 〈복수는 꿀처럼 달다〉라고 했지만, 하나님의 은혜는 우리로 하여금 복수하는 대신 상처를 감싸게 합니다. 그는 하나님께서 〈복수는 나의 것이니, 내가 갚을 것이다〉(롬 12:19)라고 말씀하신 것을 압니다. 하나님을 두려워하는 자는 복수와 거리가 멀며 오히려 선으로 악을 갚습니다. 미리

암은 모세를 험담하였지만 모세는 하나님께 그녀의 나병을 고쳐달라고 기도했습니다. (민 12:13) 엘리사 선지자는 적군을 치는 대신 그들에게 물과 빵을 주었습니다. (왕하 6:22)

여섯째, 하나님을 두려워하는 자는 죄가 아니라도 불신자들의 비웃음을 살만한 짓은 하지 않습니다.

> 너희 중 누가 다른 사람과 논쟁이 벌어지면, 그를 불경건한 자들의 재판에 세우겠느냐? (고전 6:1)

불신자들의 판결을 받는 일이 죄는 아니라고 반문할지도 모릅니다. 하지만 그 자체로 죄는 아니라도 우리의 신앙이 불신자들의 조롱거리가 될만한 일이라면 하나님을 두려워하는 자는 그것을 자제하려고 합니다. 그런 일은 서로 신중히 상의하여 중재하는 편이 더 나을 것입니다. 우리에게는 모든 일이 허용되지만, 전부가 유익한 것은 아닙니다. (고전 6:12)

일곱째 하나님을 두려워하는 자는 악한 행동뿐 아니라 생각으로도 하나님을 대적하지 않습니다.

> 악한 생각을 품지 않도록 주의하라. (신 15:9)

죄를 생각하며 즐거워하는 것은 상상으로 죄를 짓는 것과 같습니다. 이것 역시 죄에 해당합니다. 인간은 죄를 생각하는 것만으로도 지옥에 떨어질 수 있습니다. 타락한 천사들이 저주받은 것은 그들이 속으로 품은 교만한 〈생각〉 때문이었습니다! 이것이 최초로 벌어진 심판입니다. 하나님을 경외하는 자는 죄를 피해 달아납니다. 안셀름은 〈한 편에 죄가 있고 다른 편에 지옥이 있다면, 나는 하나님께 죄를 짓느니 차라리 지옥으로 뛰어들겠다〉라고 했습니다.

2) 하나님을 두려워하는 자는 다른 사람을 모범으로 삼지 않고 성경의 지시를 따릅니다. 모범이란 대부분 잘못된 경우가 많습니다. 높은 사람은 다른 사람에게 큰 영향을 미칩니다. 그래서 바로는 요셉에게 맹세하는 법을 가르쳤지만, 요셉은 바로에게 기도하는 법을 가르칠 수 없었습니다. 다른 사람의 모범은 본질적으로 악한 것을 바로잡을 수 없습니다. 하나님을 두려워하는 자는 말씀의 나침반을 보고 인생의 방향키를 조정합니다. 그는 마치 뱃사람이 나침반을 따르고 이스라엘 백성이 불기둥을 따랐던 것처럼 성경을 바라봅니다.

율법과 증거를 따르라. (사 8:20)

3) 하나님을 두려워하는 자는 계명을 지킵니다.

너는 하나님을 두려워하고 그분의 계명을 지켜라. (전 12:13)

루터는 〈기적을 일으키는 것보다 하나님께 순종하는 일을 하겠다〉라고 했습니다. 은혜받은 영혼은 하나님의 뜻을 따르기 위해 자기 뜻을 십자가에 못 박습니다. 주님께서 습관적인 죄를 십자가에 못 박고 원수를 용서하라고 명하시면, 그는 곧바로 순종합니다. 그리스도인을 잔인하게 박해하는 한 이교도가 빈정대며 〈그리스도가 행한 가장 큰 기적이 무엇이냐?〉라고 물었습니다. 그러자 그리스도인은 〈당신이 나를 이렇게 잔인하게 대하더라도 내가 당신을 용서할 수 있는 것이 바로 그리스도께서 베푸신 가장 큰 기적이오〉라고 대답했습니다. 거룩한 마음을 지닌 자는 어떠한 희생이 따르더라도 하나님께 복종합니다. 다윗은 하나님의 처소를 찾기까지 쉬지 않겠다고 맹세했습니다. (시 132:4~5) 그러자 하나님은 다윗에게 그의 후손 중 하나를 그의 보좌에 앉히겠다고 약속하셨습니다. (시 132:11)

4) 하나님을 두려워하는 자는 어느 무리에 있든지 늘 경건합니다. 그는 가는 곳마다 경건한 향기를 내뿜습니다. 위선자는 장소에 따라 진지하게 혹은 자유분방하게 모습을 바꿉니다. 하지

만 하나님을 경외하는 자는 어느 곳에 있든지 한결같이 경건합니다. 맥박이 일정하게 뛸 때 건강한 것처럼 한결같은 행동은 하나님의 은혜를 나타냅니다. 혹시 하나님께서 악인의 무리와 함께 있도록 섭리하시더라도 그는 그들과 어울리는 대신 거룩함을 드러낼 것입니다.

5) 하나님을 두려워하는 자는 하나님께서 허락하신 위치에서 경건함을 나타냅니다. 요셉은 〈나는 하나님을 두려워한다〉(창 42:18)라고 했습니다. 그는 주인에게는 충성으로, 여주인에게는 순결로, 아버지에게는 도리로, 형제에게는 관대함으로 거룩함을 보였습니다. 경건한 자는 자기 가정을 경건의 훈련장으로 삼습니다.

6) 하나님을 두려워하는 자는 기도를 소홀히 하지 않습니다.(시 109:4) 기도는 하나님의 귀에 속삭이는 것입니다! 기도는 하나님과 개인적으로 면담하는 것입니다. 눔바의 집이 교회라고 불린 이유는 그곳이 기도하는 장소였기 때문입니다.(골 4:15) 은혜받은 영혼은 뜨거운 탄식으로 기도합니다.(롬 8:26) 사람의 마음에 파고드는 기도는 분명 하늘에까지 올라갈 것입니다. 기도를 시금석으로 삼고 살펴보면 하나님을 두려워하는 사람의 수는 매

우 적습니다. 오늘날 이 나라에 기도하지 않는 자들이 얼마나 많습니까?

네가 하나님을 두려워하지 않고 기도를 멀리하는구나! (욥 15:4)

기도를 멀리하는 사람은 하나님을 두려워하지 않습니다. 타락한 사람의 특징은 〈여호와를 부르지 않는 것〉(시 14:4)입니다.

7) 하나님을 두려워하는 자는 이웃을 학대하지 않습니다.

너는 이웃을 학대하지 말며, 다만 네 하나님을 두려워하라.

(레 25:17)

의롭지 못한 사람이 어찌 거룩할 수 있겠습니까? 이웃을 학대하면서 자신을 성도라고 하는 것은 모순입니다. 하나님에 대한 두려움은 우리의 잔혹한 마음을 고쳐줍니다.

너희는 형제를 팔려고 하느냐? 너희가 하나님을 두려워하며 행해야 하지 않겠느냐? (느 5:8~9)

느헤미야의 말처럼 여러분이 하나님을 두려워한다면 악하게 굴지 않으며 다른 사람의 파멸을 부추기지 않고 그들을 괴롭히는 것을 오히려 자신을 저주하는 일로 여길 것입니다.

8) 하나님을 두려워하는 자는 자비를 베풉니다. 하나님에 대한 두려움은 언제나 형제를 사랑하는 것과 연결되어 있습니다. 은혜받은 자는 하나님을 두려워하며 궁핍한 자에게 인색하게 굴지 않습니다.

> **하나님 아버지 앞에 정결하고 더럽혀지지 않은 신앙은 이것이니, 곧 어려운 고아와 과부를 돌보는 것이다.** (약 1:27)

어려운 이웃을 돕는 일은 단지 고통받는 자들을 보러 가는 것에 그치지 않습니다. 주님은 이웃을 구제하는 일에 대해 〈내가 주릴 때 너희가 음식을 주었다〉(마 25:35)라고 말씀하십니다. 선한 행위는 칭의의 원인은 아니지만, 칭의의 증거라 할 수 있습니다. 가난한 자에게 인색한 사람은 하나님을 두려워하는 자가 아닙니다! 그들의 굳은 마음에서 자비를 기대하느니 차라리 부싯돌에서 기름을 추출해낼 수 있다고 믿는 편이 나을 것입니다. 거지 나사로에게 빵 부스러기조차 허락하지 않았던 부자는 후에 물 한 방울조차 얻지 못했습니다. (눅 16:21)

9) 하나님을 두려워하는 자는 사람보다 하나님을 기쁘게 합니다.

> **산파들이 하나님을 두려워하여 애굽 왕이 명령한 대로 하지 않**

고 남자아이들을 살려주었다. (출 1:17)

그들은 왕의 명령을 어겼습니다! 어째서 그들은 왕에게 충성하지 않았을까요? 그것이 불의한 명령이었기 때문입니다. 바로는 그들에게 히브리 남자아이를 모두 죽이라고 명령했지만 그들은 하나님의 진노를 두려워하여 감히 그러지 못했습니다. 느브갓네살 왕은 황금 형상을 세워 경배하라고 명령했지만, 히브리 세 청년은 〈왕이시여, 저희는 왕의 신들을 섬기지 않을 것이며 왕께서 세우신 황금 형상에 절하지도 않을 것입니다〉(단 3:18)라고 했습니다. 그들은 우상에 절하느니 차라리 불에 타 죽는 것을 택했습니다! 하나님을 두려워하는 자는 하나님을 기쁘게 하는 일을 최우선으로 생각합니다. 하나님은 그분을 두려워하는 자에게는 가장 좋은 친구이지만, 그렇지 않는 자에게는 가장 무서운 적이십니다.

2. 하나님을 두려워하는 자가 두려워하는 것

하나님을 두려워하는 자는 다음 여섯 가지를 두려워합니다.

1) 하나님을 두려워하는 자는 사탄의 덫을 두려워합니다. 그에게는 이런 덫을 보는 믿음의 눈이 있어서 그것을 발견할 때마다 멀리 도망칩니다.

우리는 그의 계략에 대해 무지하지 않다. (고후 2:11)

사탄의 계략은 매우 분별하기 어려운 것입니다. 사탄은 〈옛 뱀〉(계 12:9)입니다. 그는 거룩함을 상실했지만 속임수는 여전합니다. 그의 덫은 매우 교묘해서 하나님을 두려워하지 않는 자는 그것을 피할 수 없습니다.

사탄은 경건한 모양을 지닌 미끼로 유인합니다. 그는 자기 깃발을 그리스도의 깃발처럼 꾸미며 자신을 빛의 천사처럼 가장할 수 있습니다. (고후 11:14) 마귀는 인간에게 〈선을 이루기 위해 악을 행하자〉(롬 3:8)라고 유혹합니다. 그는 하나님을 더 잘 섬길 수 있도록 높은 지위에 올라가라고 부추깁니다. 이렇게 선으로 위장한 마귀가 가장 위험합니다! 사탄이 마치 목회자처럼 성경을 인용하며 다가오면 과연 누가 의심할 수 있겠습니까?

사탄은 어쩔 수 없었다는 이유로 죄를 짓도록 유혹합니다. 롯은 자기 집을 방문한 천사들을 보호해야 한다는 이유로 자기 딸을 내보내 소돔 사람들의 욕정을 채워주려 했습니다. (창 19:8) 사탄은 이런 식으로 죄를 짓도록 합니다. 어쩔 수 없다는 이유로 불경건한 일을 해서는 안 됩니다.

사탄은 죄를 마치 선한 일처럼 위장합니다. 알키비아데스는 용과 사티로스가 잔뜩 그려진 추잡한 그림을 화려하게 수놓은 휘장으로 가려놓았습니다. 의사들이 시야를 가리는 눈 속의 얇은 막에 〈진주〉라는 이름을 붙인 것처럼, 사탄도 죄에 그럴듯한 이름을 붙이곤 합니다. 사탄은 예후의 야심을 〈여호와를 향한 열정〉(왕하 10:16)이라는 그럴듯한 말로 위장했습니다. 사탄은 마치 독약을 치료제라고 속이듯이 복수가 용맹한 것이며 탐욕스러움은 검소한 것이라고 믿게 합니다.

사탄은 우정을 가장하여 자신의 해로운 계획을 수행하게 합니다. 그는 사자의 가죽을 벗고 양의 옷을 입습니다. 그래서 그리스도께 〈이 돌에게 빵이 되라고 명령하십시오〉(마 4:3)라고 유혹했습니다. 이 말은 〈당신은 배고픈 것 같으니 무엇을 좀 드셔야 할 것 같은데, 이 돌을 빵으로 만들어 허기를 달래는 것은 어떻습니까?〉라는 뜻입니다. 하지만 그리스도는 뱀의 유혹을 간파하고 거절하셨습니다. 사탄은 그런 식으로 친구인 것처럼 가장하고 하와에게 접근했습니다. 그는 동산 가운데 있는 나무를 가리켜 〈네가 그 과실을 먹어도 결코 죽지 않고 신들처럼 될 것이다〉(창 3:4~5)라고 유혹했습니다. 그는 〈나는 네가 지금보다 더 나아지길 원하며, 선악과를 먹으면 너는 모든 것을 알게 될 것이다)라는 식으로 말했습니다. 마귀는 이처럼 친절하게 속삭였고, 그의 말을 따른 하와는 결국 타락하고 말았습니다!

사탄은 그리스도인이 경건의 의무를 하지 않도록 만들거나, 그렇지 못하면 반대로 의무에 지나치게 몰입하게 합니다. 겸손은 그리스도인의 의무이지만 사탄은 우리를 겸손에서 더 나아가 절망에 빠지도록 합니다. 사탄은 우리에게 이렇게 속삭입니다.

> 너의 죄는 매우 크며 너는 그만큼 많이 슬퍼해야만 한다. 하지만 너는 그렇게 하고 있느냐? 너는 네가 지은 죄만큼 크게 애통했다고 할 수 있느냐? 네가 지은 죄는 바다와 같은데 겨우 한 방울의 눈물로 속죄할 수 있겠느냐?

하지만 이것은 함정일 뿐입니다. 교활한 적은 그리스도인을 절망에 빠뜨려 소망의 닻을 버리게 합니다. 사탄은 이처럼 잘못된 생각을 불어넣어 하나님에 대한 두려움이 없는 수많은 자를 덫에 걸리게 합니다. 하나님에 대한 두려움은 우리로 하여금 이런 지옥의 책략을 경계하도록 합니다. 사탄의 덫은 그가 던지는 창보다 더 위험합니다.

2) 하나님에 대한 두려움은 우리 자신의 마음을 두려워하게 합

니다. 루터는 교황이나 추기경보다 자기 마음이 더욱 두렵다고 했습니다.

마음은 만물보다 거짓되며 절망적으로 사악하다. (렘 17:9)

마음은 〈거짓〉됩니다. 이것은 〈야곱〉, 곧 속이는 자란 의미를 지녔습니다. 야곱이 형을 속이고 축복을 가로챈 것처럼 우리 마음도 우리를 속입니다. 저울에도 속임수가 있고 친구 사이에도 속임수가 있지만, 다른 무엇보다 마음이 가장 거짓됩니다. 아무리 완전한 마음이라도 어느 정도 잘못된 점이 있습니다. 다윗은 모든 일에 정직했지만, 그도 우리야에게 큰 잘못을 저질렀습니다. (왕상 15:5) 경건한 사람은 이처럼 자기 마음속에 거짓이 있다는 것을 잘 알기에 스스로 경계합니다. 육신은 내부의 적입니다. 자기 마음속에 있는 악을 제대로 파악할 수 있는 사람은 없습니다. 하사엘은 그가 이스라엘 자손에게 행할 악을 엘리사가 예언하자 〈저는 당신의 개와 같은 종이지 않습니까?〉라고 반문했습니다. (왕하 8:13) 그는 자기 마음속에 그런 괴물이 살고 있다는 사실을 믿을 수 없었습니다. 노아도 누군가 자기에게 〈당신은 곧 술에 취해 큰 실수를 저지를 것이오〉라고 경고했다면 똑같이 반응했을 것입니다. 누구도 자기 마음속 깊이 도사리고 있는 악을 제대로 파악하지 못하며, 만일 하나님께서 은혜로 지켜주시지 않으면 어떤 악한 일을 저지를지 알 수 없습니다. 그리스도는 사도들에게 〈방탕함과 술 취함에 빠지지 않도록 주의하라〉(눅 21:34)라고 당부하셨습니다. 그러므로 경건한 자는 자기 마음을 경계하며 조심합니다. 우리 마음은 완고할 뿐 아니라 교활하기까지 합니다. 우리 마음이 얼마나 사기꾼인지 알면 우리는 자연히 그것을 경계하게 됩니다. 마음은 죄악된 것을 대할 때만 우리를 속이는 것이 아니라, 거룩한 것을 대할 때도 우리를 속입니다.

마음이 〈죄악된 것〉을 대할 때 우리를 속인다는 말은 라합이 첩자를 삼대 속에 숨겼던 것처럼(수 2:6) 죄를 감추는 것을 의미합니다. 그러면 마음은 어떻게 죄를 숨길까요? 아담이 무화과 잎으로 몸을 가렸던 것처럼, 마음은 죄를 합리화와 변명이란 잎사귀로 가립니다. 그래서 자신은 그럴 생각이 아니었는데 충동적으로 한 일이었다고 하거나 아니면 다른 사람도 하기 때문에 자기도 따라서 한 일이었다고 변명합니다. 아론은 금송아지를 만드는 죄를 범하고도 오히려 〈이 백성이 악합니다〉라고 변명했습니다. 아담도 〈주께서 저와 함께 있게 하신 이 여자가 나무의 열매를 주어서 제가 먹었습니다〉(창 3:12)라고 변명했습니다. 이것은 〈주님이 제게 이 여자를 주시지 않았다면 먹지 않았을 것입니다〉라고 따지는 것입니다!

마음은 아첨하는 것으로 우리를 속입니다. 마음은 우리가 그렇게까지 나쁜 사람은 아니라고 생각하게 합니다. 의사가 죽음을 앞둔 환자에게 그렇게까지 위험하지는 않다고 얘기하면 그를 속이는 것입니다. 우리가 다른 사람의 명예를 훼손하는 일을 저질렀을 때, 마음은 〈그래도 도둑질 한 것은 아니니까 괜찮다〉라고 속삭입니다. 우리가 욕망에 취했을 때도 마음은 〈술 취한 것은 아니니까 괜찮다〉라고 속일 것입니다. 이처럼 마음은 우리의 잘못을 다른 죄에 비해 낫다고 하면서 안심시킵니다. 그러니 우리는 이런 사기꾼을 경계해야만 합니다!

또, 마음은 〈거룩한 것〉을 대할 때 우리를 속입니다. 마음은 우리를 거짓 은혜로 속입니다. 많은 사람이 위조지폐에 속는 것처럼 거짓 은혜에도 속습니다.

마음은 거짓 회개로 우리를 속입니다. 자신의 죄 때문에 괴로워하거나 죄의 결과 때문에 고통스러워하며 눈물을 흘린 죄인에게 마음은 〈이제 너는 진정으로 참회한 자이니 안심하라〉라고 속삭입니다. 하지만 마음의 괴로움이 전부 회개인 것은 아닙니다. 유대인들은 베드로의 설교를 듣고 〈마음이 찔렸지만〉(행 2:37), 그런 그들에게 베드로는 회개하라고 했습니다. (38절) 마음의 괴로움이 전부 진정한 회개였다면 가인과 유다도 참회한 자의 명단에 들어갈 것입니다. 복음적인 회개는 마음을 변화시킵니다. (고전 6:11) 참된 회개는 우리를 거룩하게 합니다. 하지만 거짓 회개는 아무리 심령의 괴로움을 느꼈더라도 그의 마음과 삶을 변화시키지 않습니다. 그의 눈은 눈물을 흘릴지 몰라도 마음은 여전히 음행으로 가득합니다. 아합도 베옷을 입고 금식했지만, 이후에 미가 선지자를 감옥에 가두었습니다. (왕상 22:27)

또, 마음은 거짓 믿음으로 우리를 속여 죽은 아이로 살아있는 아이를 대체합니다. 요한복음 2장에서 많은 사람이 주님을 믿는다고 말했지만, 그리스도는 그들의 믿음을 인정하지 않으셨습니다. (요 2:24) 진정한 믿음을 지닌 자는 그리스도의 품에 안기기도 하지만 동시에 그분의 발 앞에 엎드리기도 합니다. 하지만 거짓 믿음을 지닌 자는 그리스도께 은혜를 받으러 나오긴 하지만 그분의 머리에서 면류관을 **빼앗고** 주님의 통치를 인정하지 않습니다! (사 9:6) 주님을 대할 때 자기를 구원해줄 제사장으로는 여기지만 보좌에 앉아 통치하실 왕으로 여기지는 않습니다.(슥 6:13) 이처럼 마음은 거짓으로 가득하며, 하나님을 두려워하는 사람은 자기의 마음이 축복을 **빼앗아가지** 않도록 경계할 것입니다.

3) 하나님에 대한 두려움은 우리로 하여금 죽음을 두려워하게 합니다. 우리가 죽음을 두려워해야 하는 이유는, 첫째, 그것이 영원으로 들어가는 관문이며 한 번 들어가면 상황을 바꿀 수 없는 심각한 것이기 때문입니다!

둘째, 그것이 매우 가까이 있기 때문입니다. 죽음은 우리가 생각하는 것보다 훨씬 가까이 있으며, 불과 몇 시간 뒤에 죽음을 맞이하게 될지 아무도 장담할 수 없습니다! 하나님은 여러분에게 오늘 밤 〈네게 맡긴 것을 정산하라〉라고 말씀하실지도 모릅니다! 그런데 우리가 제대로 준비도 하기 전에 죽음이 찾아오면 어떻겠습니까?

셋째, 죽음 이후에는 더 이상 우리 영혼을 위해 아무것도 할 수 없기 때문입니다. 무덤에서는 회개할 수 없습니다. 〈장차 우리가 들어갈 무덤에는 일도 계획도 지식도 지혜도 없습니다.〉(전 9:10) 따라서 우리는 거룩하고 경건한 두려움으로 죽음을 대해야 합니다.

질문) 그렇다면 하나님의 자녀는 죽음을 얼마만큼 두려워해야 적당할까요?

답변1) 하나님의 자녀는 〈죄〉를 억제할 수 있을 만큼 죽음을 두려워해야 합니다. 믿는 자는 모든 수단을 이용해 죄에서 멀리 떨어져야 합니다. 그런데 죽음에 대한 두려움만큼 죄를 효과적으로 방지하는 것은 없습니다. 오늘 죄를 짓고 있는데, 만일 내일 죽어서 심판을 받으면 어떻게 되겠습니까?

답변2) 하나님의 자녀는 세상에 대해 등을 돌릴 만큼 죽음을 두려워해야 합니다. 죽음에 대한 두려움은 우리를 세속적인 헛됨에서 멀어지게 합니다. 세상이 무엇입니까? 어차피 우리는 곧 그것을 떠날 것이며 남는 건 고작 한 평 정도의 무덤뿐입니다. (창 49:30)

답변3) 하나님의 자녀는 죽음을 더욱 잘 맞이할 수 있을 만큼 죽음을 두려워해야 합니다. 야곱은 형 에서가 그를 죽이러 올 것을 두려워하여 기도하면서 그를 맞이할 준비를 했습니다. (창 32:7,24) 우리도 그렇게 죽음이 다가올 때 그것을 맞이할 준비를 해야 합니다. 이것이 죽음에 대한 경건한 두려움입니다.

하지만 경건한 자의 죽음에 대한 두려움은 반드시 소망과 결합되어야 합니다. 믿는 자에게는 죽음의 본질이 전혀 달라집니다. 죽음 그 자체는 저주이지만 하나님은 이 저주를 축복으로 바꿔주셨습니다. 하나님의 자녀에게 죽음은 멸망이 아니라 해방을 의미합니다. 육신의 껍데기를 벗는 날, 그는 불타는 수레를 타고 하늘로 올라가게 됩니다!

4) 하나님에 대한 두려움은 심판을 두려워하게 합니다. 안셀롬은 대부분 시간을 심판의 날을 묵상하며 보냈고, 제롬은 항상 〈죽은 자들아, 일어나 심판으로 나아오라〉라는 말을 되새기며 살았습니다. 심판의 날이 분명히 임할 것이란 증거는 다음과 같습니다.

첫째, 하나님께서 진실하시며, 시편 기자를 통해 〈주께서 임하시니, 이 땅을 심판하러 오신다〉(시 96:13)라고 하셨기 때문입니다. 이 구절에서 오신다는 표현이 두 번 반복된 것은 주께서 확실히 오신다는 사실을 강조하려는 것입니다. 따라서 심판의 날이 임할 것은 의심할 여지가 없습니다. 또한, 이것은 속히 오실 것을 강조합니다. 때가 매우 가까워 이미 여명이 다 되었으며 곧 재판관이 재판석에 앉을 것입니다. (약 5:9) 하나님께서 선포

하신 말씀은 결코 취소되지 않습니다!

둘째, 하나님의 정의를 수호하기 위해서라도 심판의 날은 반드시 있을 것입니다. 경건한 자는 고통받고 악인은 번영하는 등 이 세상에서 일어나는 일은 너무도 불공평해 보입니다. 무신론자들은 하나님께서 세상을 통치하시길 포기하셨고 지상의 일에는 전혀 관심을 보이지 않는다고 주장합니다. 그러므로 하나님께서 그들의 생각을 고치고 모든 일을 바로잡기 위해서라도 반드시 세상을 심판하시는 날이 있을 것입니다.

셋째, 우리가 본성적으로 지닌 양심을 통해 심판의 날이 있다는 것을 알 수 있습니다. 바울이 심판에 임할 것을 말했을 때 벨릭스는 무서워 떨었습니다. (행 24:25) 철창에 갇힌 죄수는 재판관을 무서워합니다. 악인은 죽을 때 공포에 휩싸이며, 이런 반응이야말로 장차 심판이 있을 것이라는 분명한 증거입니다.

마지막 날의 심판은 누구도 본 적이 없을 정도로 매우 큰 심판일 것입니다. 우리는 모두 심판대 앞에 서게 됩니다. (고후 5:10) 그때는 도망치거나 뇌물을 바치거나 대리인을 위임할 수도 없으며, 모두 직접 심판대 앞에 서야 합니다. 지금 세상에서 법 위에 있어 재판을 받지 않는 자들도 그때는 반드시 천국의 법정에 서야만 합니다!

그러면 재판관은 누구일까요? 예수 그리스도이십니다. (요 5:22) 하나님은 한 사람을 정하여 지정된 날에 이 세상을 심판하게 하셨습니다. (행 17:31) 그리스도께서 재판관이시며, 한 사람으로 불린 것은 그날에 눈에 보이는 모습으로 나타나셔서 세상을 심판할 것이기 때문입니다. 그리스도는 하나님이면서 인간이십니다. 주님은 하나님이기 때문에 사람들의 마음속을 보실 수 있으며, 또한 인간이기 때문에 우리가 그분을 볼 수 있습니다.

그리스도께서 재판석에 앉으실 그날은 얼마나 엄숙하겠습니까! 주님은 〈공의〉로 심판하실 것입니다. (시 9:8) 비록 주님은 이 땅에 계실 때 부당한 판결을 받으셨지만, 그날에는 결코 부당함이 없을 것입니다. 또, 주님은 손에 키를 들고 타작마당을 정리하는 것처럼 심판하실 것입니다. (마 3:12) 주님은 그분의 형상을 닮은 알곡과 짐승의 형상을 닮은 가라지를 구별하실 것입니다. 그러므로 하나님을 두려워하는 자는 마땅히 이날을 생각하며 거룩한 두려움에 휩싸일 것입니다.

질문) 하나님을 두려워하는 자는 심판의 날을 어떤 식으로 두려워해야 할까요?

답변) 그들에게 심판의 날은 축복과 위로가 가득한 기쁨의 날이기 때문에 절망이나 끔찍한 두려움을 느낄 필요는 없습니다. 새들이 다가오는 비구름을 보고 지저귀듯이 믿는 자는 심판이 다가오는 것을 보고 찬송해야 합니다. 그리스도께서는 그들을 재판하는 분이시지만 동시에 구원자이자 변호인이 되어 주십니다.

하지만 경건한 자는 심판의 날을 생각하며 날마다 자기 죄를 슬퍼해야 합니다. 우리는 매일 지은 죄 때문에 베드로처럼 애통해야 합니다. 우리의 심령에 회개의 눈물이 스며들게 해야 합니다. 마지막 날에 회개하지 않은 죄가 드러난다면 그보다 슬픈 일은 없을 것입니다. 또, 경건한 자는 심판의 날을 생각하며 나태함에 빠지는 죄를 경계해야 합니다. 상처를 치유하지 않으면 결국 죽음에 이르게 됩니다. 마찬가지로 경건의 의무를 소홀히 하면 결국 파멸에 이르게 될지도 모릅니다. 마지막 날에 주님께 이런 꾸지람을 듣지 않도록 주의하십시오.

> 내가 주렸을 때 너희는 먹을 것을 주지 않았고, 목말랐을 때 마실 것을 주지 않았으며, 나그네 되었을 때 들여보내지 않았고, 헐벗었을 때 옷을 입히지 않았으며, 병들고 감옥에 갇혔을 때

돌봐주지 않았다. (마 25:42)

이것이 나태함의 죄입니다. 그리스도는 〈너는 내게서 음식을 빼앗았다〉라고 하시지 않고 〈너는 내게 음식을 주지 않았다〉라고 말씀하시며, 〈너는 나를 감옥에 가두었다〉라고 하시지 않고 〈너는 나를 찾아오지 않았다〉라고 하십니다. 그들은 태만함의 죄 때문에 정죄 받았습니다. 가정에서 기도하지 않고 은혜의 자리에 참석하지 않으며 자선을 베풀지 않는 것은 모두 치명적인 죄입니다.

경건한 자는 또한 심판의 날을 생각하며 거짓 신앙에 빠져있지 않도록 경계해야 합니다. 그날에 거짓된 마음은 모두 드러날 것입니다. 바울은 〈우리가 너희에게 얼마나 거룩하고 공정하고 흠 없게 행했는지에 대해서는 너희가 증인이며 또한 하나님께서도 증인이시다〉라고 하였는데, 그가 어째서 이토록 신실하게 행했던 걸까요? 무엇이 바울을 그렇게 하도록 했겠습니까? 바로 심판의 날이 다가오는 것을 두려워했기 때문입니다.

우리는 모두 그리스도의 심판대 앞에 설 것이다. (고후 5:10)

밝히 드러난다는 말은 우리 마음에 있는 것이 사람과 천사들 앞에 완전히 공개된다는 의미입니다. 현재 삶에서는 위선이 가득해서 누가 거짓 신자이며 누가 참된 신자인지 구분하기 매우 어렵습니다. 하지만 모든 것이 분명히 드러날 날이 머지않았습니다. 그날에 위선은 모두 밝혀질 것이기 때문에 하나님의 백성은 심판의 날을 두려워하며 거짓과 위선에 대항하여야 합니다.

5) 하나님에 대한 두려움은 지옥을 두려워하게 합니다. 지옥은 〈고통받는 곳〉(눅 16:28)입니다. 사악한 죄인뿐 아니라 하나님을 두려워하는 자들도 지옥을 두려워해야 합니다.

너희를 지옥에 던져 넣는 권세를 지닌 분을 두려워하라. (눅 12:5)

질문) 하나님의 백성은 지옥을 얼마만큼 두려워해야 할까요?

답변) 소망을 잃어버릴 정도로 크게 두려워할 필요는 없습니다. 선원은 폭풍을 두려워하지만, 그렇다고 닻을 버릴 만큼은 아닙니다. 하나님을 두려워하는 자가 지옥을 두려워해야 할 이유로는 네 가지 있습니다.

첫째, 하나님을 두려워하는 자는 자신이 본래 지옥에 가야 마땅하다는 사실을 생각하며 두려워해야 합니다. 그들의 죄는 지옥에 갈 만큼 충분합니다. 하나님께서 그들의 죄를 있는 그대로 공의의 저울에 올려놓는다면, 세상에서 가장 거룩한 자라도 지옥에 갈 수밖에 없습니다.

둘째, 하나님을 두려워하는 자는 지옥을 생각하며 영적인 나태함에 빠지지 않도록 두려워해야 합니다. 하나님의 백성도 이 질병에 빠지기 쉽습니다. 지혜로운 처녀들도 깜빡 잠들었습니다. (마 25:5) 지옥에 대한 두려움은 경건한 자를 안전하게 지켜주는 경보와 같으며, 그들로 하여금 천국을 향해 더욱 달려가게 합니다.

셋째, 지옥에 대한 두려움은 경건한 자로 하여금 지옥에 갈 자들과 어울리지 않도록 도와줍니다. 지옥에 갈 위험에 처한 자들의 특징은 이렇습니다.

그들은 쾌락을 좋아하며 이 세상에서 자기만의 천국을 건설하려 합니다. 쾌락주의자는 감각적인 즐거움에 몸을 맡기며, 육신의 쾌락을 버리기보다는 차라리 하나님을 노엽게 하는 길을 택합니다. 이런 자들은 결국 지옥에서 그들의 대가를 치를 것입니다.

그날에 만군의 여호와 하나님께서 〈울고 통곡하며 머리를 밀고

베옷을 입어라〉라고 하셨으나, 보아라, 너희가 기뻐하고 즐거워하며 소와 양을 잡고 고기를 먹고 포도주를 마시면서 〈우리가 내일이면 죽을 테니 먹고 마시자〉라고 하였다. 만군의 여호와께서 내게 듣도록 계시하셨다. 〈진실로 이 죄는 너희가 죽을 때까지 용서받지 못할 것이다.〉 만군의 여호와 하나님께서 말씀하셨다. (사 22:12~14)

이런 죄는 어떠한 제사로도 속죄할 수 없을 것입니다.

그들은 음행의 죄에 빠져 살아갑니다. 정욕에 불타는 사람은 결국 지옥에서 불타게 될 것입니다! 주님은 불의한 자를 심판의 날까지 형벌 아래 두시는데, 특히 육신의 더러운 욕망을 좇는 자들을 그렇게 하십니다. (벧후 2:9~10) 인간의 본성이 얼마나 부패했는지 보십시오! 그들은 자기 저수지의 물보다 훔친 물을 더 좋아합니다. (잠 9:17) 라틴어로 마구간과 매음굴은 같은 단어를 사용하며, 이처럼 음행을 좇는 사람은 짐승과 다를 바 없습니다.

그들은 나쁜 모범을 보이면서 다른 사람들도 따라서 죄를 짓게 합니다. 나쁜 모범은 질병처럼 사람들에게 전염됩니다. 사람들은 유명인의 행동을 따라서 합니다. 따라서 나쁜 모범을 보이는 자는 자기만 죄를 짓는 것이 아니라 다른 사람들도 따라서 죄를 짓도록 만듭니다. 그래서 지옥에 간 부자는 아브라함에게 죽은 자 중에서 한 명을 보내 자기 형제에게 경고해달라고 부탁했습니다.(눅 16:27) 그는 살아있을 당시 형제들에게 나쁜 모범을 보여주었기 때문에 그들도 자기처럼 지옥에 올 것을 알았으며, 그런 사실이 그를 더욱 고통스럽게 하였습니다!

그들은 하나님의 말씀을 멸시하며 살다가 죽습니다. 목회자들이 아무리 숨 막힐 정도로 설교를 전해도 그들은 귀와 마음을 닫습니다. 그들의 마음은 금강석처럼 단단합니다.(슥 7:12) 마음이 굳어진 것은 감각이 없는 양심과(엡 4:19) 완고한 고집(렘 44:16~17) 때문입니다. 고집 센 죄인은 죄를 지적하고 꾸짖어도 전혀 듣지를 않습니다. 선지자의 말에 돌로 된 제단은 갈라졌지만(왕상 13:2), 죄인의 마음은 결코 갈라지지 않습니다! 이런 자들은 장차 하나님의 진노를 피하지 못할 것입니다.

> 주 예수님께서 강력한 천사들과 함께 하늘에서 나타나, 하나님을 알지 못하며 주 예수 그리스도의 복음에 복종하지 않은 자들에게 타오르는 불길로 형벌을 내리실 것이다. 그들은 주님의 모습과 영광과 권능에서 떠나 영원히 멸망하는 형벌을 받을 것

이다. (살후 1:7~9)

그들은 뿌리가 없어서 말라버리기 때문에 결국 신앙을 버리고 떠납니다. (마 13:6) 꽃병의 꽃은 당분간 신선함을 유지하겠지만, 뿌리가 없기 때문에 결국 시들고 맙니다. 데마는 얼마 동안 바른 모습을 보여주었지만, 결국 누에처럼 모든 실을 뽑아내자 볼품없는 번데기처럼 되었습니다.

> 우리가 진리의 지식을 받고서도 고의로 죄를 짓는 것을 계속한다면, 그것에 대해 속죄할 제사가 없으며, 그저 심판과 하나님의 적을 모두 태워버릴 진노의 불길만 두려워하며 기다릴 뿐이다. (히 10:26~27)

이런 식으로 우리는 누가 지옥에 던져질 자인지 알아볼 수 있습니다. 경건한 자는 지옥을 두려워하는 만큼 지옥에 가는 사람이 너무도 많다는 사실 또한 두려워합니다.

넷째, 지옥에 대한 두려움은 기쁨과 연합될 때 경건한 자에게 도움이 됩니다.

> 여호와를 두려워하며 섬기고 떨면서 기뻐하라. (시 2:11)

믿는 자들이 지옥을 두려워하는 것은 예수님의 빈 무덤을 본 두 여인이 느꼈던 두려움과 같습니다. 그들은 두려움과 큰 기쁨을 느끼며 무덤을 떠났습니다. (마 28:8) 두려워한 것은 천사를 보아서이고, 기뻐한 것은 그리스도께서 부활하셨기 때문입니다! 경건한 자도 이처럼 두려움과 기쁨으로 지옥을 대해야 합니다. 지옥의 뜨거운 불을 두려워하며, 그런 지옥에서 구원해주신 그리스도로 인해 기뻐해야 합니다. 높은 바위에 올라선 자는 바다를 내려다보며 두려워하면서도 성난 파도에 빠질 염려가 없다는 사실에 기뻐합니다. 그래서 하나님의 자녀는 묵상을 통해 지옥을 내려다보며 끔찍한 고통에 두려워하지만, 자신은 결코 그곳에 가지 않을 것이란 사실을 믿고 기뻐합니다! 예수님께서 그를 〈다가올 진노〉에서 구원하셨기 때문입니다. (살전 1:10)

6) 하나님에 대한 두려움은 천국을 생각하며 두려워하게 합니다. 여러분은 아마 〈그것참 이상하군요. 우리는 천국을 소망해야 하지 않나요?〉라고 생각할지 모릅니다. 하지만 우리는 혹시라도 천국에 이르지 못할까 봐 두려워해야 합니다.

> 그러므로 그분의 안식에 들어갈 약속이 있는 동안 너희 중 아무도 그것에 미치지 못하는 경우가 없도록 두려워하라. (히 4:1)

이것은 달리기 선수가 지쳐서 결승점에 도달하지 못하는 모습을 비유한 말입니다. 바울만큼 천국을 소망한 자가 어디 있습니까? 하지만 그는 항상 두려움을 간직하며 〈나는 남에게 복음을 전한 후 나 자신이 버림받지 않도록 육신을 엄격히 통제하고 훈련한다〉(고전 9:27)라고 했습니다. 장차 천국에 갈 자가 그것을 놓치지 않도록 두려워해야 하는 이유는 다음과 같습니다.

첫째, 겉으로 보기에는 매우 훌륭한 신자 같지만 결국 천국에 들어가지 못하는 자가 많기 때문입니다. 어리석은 다섯 처녀의 경우입니다. 그들은 역겨운 죄를 범해 더럽혀지지 않았기에 처녀라고 불리긴 했으나, 천국의 문은 그들 앞에서 닫히고 말았습니다!(마 25:10) 발람은 선지자였고 가룟 유다는 사도였지만 그들도 천국에 가지 못했습니다! 행운, 희망, 안전과 같은 멋진 이름을 단 배가 바다에서 침몰하는 경우와 마찬가지입니다.

둘째, 천국 근처까지 가서 결국 못 들어가는 경우도 있습니다. 서기관은 하나님의 나라에서 멀지 않았지만, 그곳에 들어갈 정도는 아니었습니다.(막 12:34) 아무리 설교자가 전하는 말씀에 감동하고, 하나님의 규례를 지키며, 겉으로는 하나님의 자녀보다 더 나은 사람처럼 보여도, 그에게 신실함이 없다면 결국 영원한 행복을 얻지 못할 것입니다.(민 23:1~2) 하나님도 잃고, 자기 영혼도 잃고, 소망도 잃는다면 얼마나 비참하겠습니까! 천국을 잃고 지옥에서 아무리 많은 눈물을 흘려도 소용없습니다! 그러므로 우리는 천국에 이르지 못하는 일이 없도록 두려워해야 합니다.

질문) 거룩한 두려움을 지니려면 어떻게 해야 하나요?

답변1) 항상 하나님을 바라보며 그분의 위대함을 묵상해야 합니다. 주님은 전능하신 하나님입니다.(창 17:1) 천사들을 통치하며, 인간의 양심을 사로잡고, 세상 군주들을 심판하시며, 통치자의 영혼을 끊고 땅의 왕들을 두려워 떨게 하십니다.(시 76:12) 측량할 수 없는 하나님의 위대함을 묵상하면 우리 마음은 거룩한 경외심에 휩싸일 수밖에 없습니다! 엘리야는 하나님의 영광이 지나갈 때 자신의 얼굴을 가렸습니다. 인간이 하나님을 두려워하지 않는 이유는 그분에 대해 깊이 묵상하지 않기 때문입니다!

너는 내가 너와 같다고 생각했다.(시 50:21)

답변2) 하나님께서 거룩한 두려움을 주시길 기도하십시오. 이 두려움은 모든 거룩함의 뿌리이며 지혜의 근원입니다.

제게 전념하는 마음을 주셔서 주님의 이름을 두려워하게 하여 주소서. (시 86:11)

주님은 우리에게 두려워하는 마음을 주신다고 약속하셨습니다. (렘 32:40) 이 약속을 붙들고 기도하십시오. 어떤 사람은 돈을 위해 기도하고 어떤 사람은 자녀를 위해 기도하지만, 우리는 하나님을 두려워하게 해달라고 기도해야 합니다!

여호와를 두려워하는 너희는 여호와께 송축하라. (시 135:20)

영혼에 거룩한 두려움을 지닌 분은 하나님께 송축하십시오. 이것은 여러분을 왕이나 여왕으로 만드는 것보다 더 큰 축복이며, 오직 택하신 자에게만 주어지는 보물입니다. 그리심 산에 올라 하나님께 송축하십시오. 하나님에 대한 두려움은 영광을 싹 틔울 불멸의 씨앗입니다!

여호와를 두려워하는 너희는 그분을 찬송하라. (시 22:23)

지금부터 천국에서 할 일을 시작하십시오. 하나님께 영적인 찬양을 올려드리십시오. 거룩한 송영과 승전가를 부르십시오! 다윗처럼 〈내 입이 온종일 주님을 향한 찬송과 존경으로 가득합니다〉(시 71:8)라고 하십시오. 이 세상에는 하나님께 드릴 찬양이 너무도 부족합니다. 그러니 하나님을 두려워하는 자들이 찬양하지 않으면 누가 하겠습니까?

하나님에 관해 이야기하는 자

지금까지 경건한 자는 〈하나님을 두려워한다〉라는 일반적인 특징을 알아보았고, 이제 조금 더 구체적인 특징을 살펴보겠습니다.

> 그때에 여호와를 두려워하는 자들이 서로 자주 이야기했다. (말 3:16)

악인이 〈하나님을 섬기는 것은 헛되다〉라고 말했을 때, 여호와를 두려워하는 자들은 서로 자주 이야기했습니다. 이것은 그들이 〈자주 대화를 나누었다〉라는 의미입니다. 그들은 서로 경건한 대화를 나누었고 그들의 혀는 성령님에 의해 거룩하게 조율되었습니다.

그리스도인의 만남은 〈거룩한 모임〉이 되어야 합니다. 이것은 그저 조언이 아니라 반드시 지켜야 할 의무입니다.

> **너희는 내가 오늘 명령한 이 말씀을 마음에 새기고, 그것을 자녀에게 부지런히 가르치며, 집에 앉아 있을 때나 길을 걷거나 눕거나 일어날 때마다 그들에게 이야기하라.** (신 6:6~7)

진실로 하나님께서 은혜를 부어주신 사람은 그것이 흘러넘칠 것입니다! 은혜는 언어를 영적으로 변화시킵니다. 성령님께서 사도들에게 임하셨을 때, 그들은 다른 언어로 말하였습니다. (행 2:4) 은혜를 받은 그리스도인은 다른 언어로 말합니다. 경건한 그리스도인은 하나님의 율법을 마음으로만 간직하는 것이 아니라 말로도 표현합니다. (시 37:30~31) 우리 몸은 하나님의 성전입니다. (고전 6:19) 우리 혀는 이 성전에서 거룩한 소리를 내는 오르간입니다! 의인의 혀는 최상급 은과 같습니다. (잠 10:20) 경건한 자는 은과 같은 말로 사람들에게 영적인 지식을 풍성하게 전합니다.

> 선한 사람은 그의 마음에 쌓아둔 선에서 선한 것들을 내고, 악한 사람은 그의 안에 쌓아둔 악에서 악한 것을 낸다. 하지만 내가 너희에게 말하니, 자기가 내뱉은 모든 무익한 말에 대해 심판의 날에 설명해야 할 것이다. 너희가 한 말에 의해 의롭게 되기도 하고 정죄 받기도 할 것이다. (마 12:35~37)

경건한 자의 마음은 선한 보배로 가득하며, 그는 그것을 감추어 두지 않고 오히려 다른 사람에게 풍성히 나누어줍니다. 은혜는 불과 같아서 가두어 둘 수 없습니다. 은혜는 마치 새 포도주처럼 터져 나옵니다. (행 4:20) 그래서 경건한 자들이 모이면 거룩한 대화를 나눌 수밖에 없습니다.

> 내 안에 말로 가득 차서 이야기하지 않을 수 없다. (욥 32:18)

적용1) 경건한 자들이 서로 이야기하는 이유는 첫째로 지식을 전하기 위해서입니다. 진정한 성도의 특징은 〈서로 자주 이야기하는 것〉이며, 그들의 입술에서는 꿀송이 같은 말이 나옵니다. 사람은 사용하는 언어를 통해 자신의 출신을 드러냅니다. 천상의 예루살렘에 속한 자는 가나안의 언어로 이야기합니다. 하나님의 자녀는 벙어리가 아니며, 그들의 입은 〈지혜의 샘〉(잠 18:4)과 같습니다.

적용2) 경건한 자들이 서로 이야기하는 두 번째 이유는 잘못을 책망하기 위해서입니다. 책망을 받을만한 신자에는 다섯 가지 부류가 있습니다.

1) 진정한 신앙의 문제에 침묵하는 자는 책망을 받습니다. 그들은 겉으로는 매우 경건하게 보입니다. 저는 경건한 삶에 관해 이야기하지 않는 사람을 볼 때, 그들이 무지해서 그런 것인지 수줍은 탓인지 잘 모르겠습니다. 많은 사람이 마치 혀가 천장에 붙은 것처럼 경건함에 대해서 침묵합니다. 그들에게 정말로 하나님에 대한 사랑이 있고 주님의 달콤한 은혜를 맛본 적이 있다면, 그들의 입은 주님의 의를 말할 수밖에 없을 것입니다. (시 71:24)

여러분, 우리가 신경 써야 할 것이 구원 외에 또 무엇이 있겠습니까? 이 세상의 것은 도대체 무엇입니까? 그것은 참되지도 않고 영원하지도 않습니다. (잠 23:5) 사람들이 열심히 부를 쌓고 있을 때, 갑작스레 죽음이 찾아와 하나님의 사자가 그를 데려가는 모습을 본 적이 없습니까? 그러니 우리가 하나님의 나라에 관한 일 말고 관심을 가져야 할 것이 무엇이 있겠습니까? 그리스도인 중에서도 이 점에 대해 찔리는 사람이 있을 것입니다.

성도의 모임이 아무런 유익도 없는 이유는 그들의 대화 중에 하나님에 관한 내용이 전혀 없기 때문입니다. 어째서 그들은 경건한 대화를 나누지 않을까요? 이미 영적인 지식이 충분하여 더 이상 배울 내용이 없어서 그럴까요? 이미 믿음이 충분해서 더 이상 견고해질 필요가 없는 걸까요? 경건에 관해 침묵하는 것은 매우 큰 죄입니다. 성경에는 벙어리 귀신에 사로잡힌 사람이 나옵니다. (막 9:17) 그런데 오늘날에는 영적으로 벙어리 귀신에 사로잡힌 사람이 너무도 많습니다!

2) 헛되고 무익한 대화만 나누는 사람은 책망을 받습니다. 그들은 대화하는 것을 좋아하지만 영적으로 유익한 일에 관해서는 전혀 이야기하지 않습니다. 그들의 입술에서는 꿀송이 같은 말이 나오지 않습니다. 그들의 이야기는 마치 어린 아기의 옹알이처럼 아무런 유익을 주지 못합니다.

그들은 이웃에게 헛된 것만 이야기합니다. (시 12:2)

그리스도께서 오늘날 성도들을 향해 엠마오로 가는 제자들에게 하신 것처럼 〈너희가 걸어가며 무엇을 이야기하느냐?〉(눅 24:17)라고 물으시면, 과연 〈나사렛 예수에 관한 일입니다〉라고 대답할 수 있는 사람이 얼마나 될까요? 아마도 그들은 대부분

새로운 놀이 거리나 유행에 관해 이야기할 것입니다. 만일 주님 앞에서 우리가 내뱉은 모든 무익한 말에 대해서 설명해야만 한다면(마 12:36), 우리는 어떻게 설명해야 하겠습니까!

3) 세상에 대해서만 이야기하는 탐욕스런 사람은 책망을 받습니다. 농부는 쟁기와 황소의 멍에를 말하고 상인은 자기 상품을 말할 뿐 하나님에 관해서는 말하지 않습니다. 땅에 속한 자는 땅에서 나오는 것에 대해 말합니다.(요 3:31) 많은 사람이 입에 돈을 물고 있던 물고기와 같습니다.(마 17:27) 그들은 하나님께서 저주하신 땅의 것에서 행복을 얻을 수 있는 것처럼 세속적인 것을 추구합니다! 세나카는 〈어디 사람인가?〉라는 질문에 〈이 세상의 시민이다〉라고 대답했습니다. 성도 중에도 그들이 말하는 내용을 들어보면 〈이 세상의 시민〉인 자들이 많습니다. 그들의 영혼은 땅의 것에 얽매여 있으며 영적인 것에는 관심이 없습니다.

4) 서로 자주 이야기를 하지만 악한 방식으로 말하는 자는 책망을 받습니다.

> 혀는 또한 불이며 불의의 세계이다. 그것은 몸의 일부분이지만 전 인격을 더럽히고 인생을 불 속으로 인도하며 그것도 지옥에

의해 불살라진다. (약 3:6)

첫째, 그들은 매우 가혹한 말투로 말합니다. 성도는 〈잔잔히 흐르는 실로아 물〉(사 8:6)처럼 말해야 합니다. 하지만 그들은 거칠고 사납게 말할 때가 많습니다. 물이 뜨거워지면 끓어 넘치는 것처럼 마음도 분노로 뜨거워지면 사나운 말투를 내뱉게 됩니다. 많은 사람이 분노할 때 저주의 말을 퍼붓습니다. 그래서 마치 검으로 베는 것처럼 혀를 휘둘러 분노의 말로 상대방에게 큰 상처를 입힙니다. 르호보암은 무례한 말 한마디 때문에 열 지파를 잃었습니다. 〈평강의 왕〉이신 주님을 섬기며 〈평화의 복음〉을 전하는 사람에게 불같은 성품은 어울리지 않습니다. 혀를 불타는 듯이 놀리는 사람은 지옥에서 자기 혀를 식혀줄 물 한 방울을 간구하게 되지 않도록 주의해야 합니다. (눅 16:24)

둘째, 그들은 서로에게 불평과 원망을 늘어놓습니다. 자기가 지은 죄에 대해서는 아무런 언급도 하지 않으면서, 헛된 욕망이 성취되지 않을 때는 끊임 없이 불평합니다. 불평은 불신에서 비롯되는 것입니다.

그들은 주님의 말씀을 믿지 않고 원망하였습니다. (시 106:24~25)

하나님의 약속을 신뢰하지 않는 사람은 주님의 섭리에 대해 불평합니다. 하나님은 이런 죄를 참지 않으시며 〈내게 불평하는 이 악한 무리를 내가 언제까지 참아야 하겠느냐?〉(민 14:27)라고 하십니다. 이스라엘은 독기 서린 말로 하나님께 불평했으며, 하나님은 그들을 독사로 벌하셨습니다!(고전 10:10)

셋째, 그들은 저속하고 더러운 말로 이야기합니다. 마음은 악으로 가득 찬 거푸집이며 혀는 그것이 흘러나오는 꼭지입니다. 더러운 말을 내뱉는 사람은 그 마음이 오염된 것입니다. 나병환자가 입술을 가려야 했던 것처럼(레 13:45), 영적인 나병 환자인 우리도 더러운 입술을 가려야 합니다.

넷째, 그들은 은혜로운 말을 하는 대신 저주를 남발합니다. 저주하는 자는 하나님의 이름을 망령되게 일컬으며 미친개마냥 하늘을 향해 뛰어오르는 것입니다.

> **저주 때문에 땅이 애곡한다.** (렘 23:10)

어떤 이들은 말끝마다 저주하는 것을 멋있다고 생각하기도 합니다. 그리고 저주하는 것은 그저 습관일 뿐이라고 합니다. 하지만 그것은 그저 변명일 뿐이며 죄를 더할 뿐입니다. 강도범이 재판관 앞에서 〈강도질은 그저 습관일 뿐이니 봐주십시오〉라고 한다면, 재판관은 〈너는 사형을 면치 못할 것이다〉라고 할 것입니다. 인간이 내뱉은 저주만큼 하나님은 그에게 진노를 퍼부을 것입니다.

다섯째, 그들은 거룩한 말 대신 비난과 비방을 일삼습니다. 우선 그들은 다른 사람을 비난합니다. 마치 다른 사람을 헐뜯고 비판하는 것을 참된 신앙의 일부로 여깁니다. 다른 사람의 은혜로운 행동을 본받을 생각은 하지 않고 오직 결점만 집요하게 이야기합니다. 하나님께서 이런 자들의 행동을 고쳐주시길 바랍니다. 사람들의 마음이 더 겸손했다면, 그들의 말투도 조금 더 너그러웠을 것입니다. 타인을 비판하고 자신을 높이는 일은 위선자의 전형적인 행위입니다.

또한, 그들은 다른 사람을 비방합니다. 〈네가 네 어미의 아들을 비난하는구나!〉(시 50:20) 비방은 남을 해치기 위해 진실이 아닌 이야기를 하는 것입니다. 비방은 가치 있는 것을 파괴합니다. 거룩함도 이 죄를 막아주지 못합니다. 어린양은 자신의 무고함을 사악한 늑대에게서 지키지 못합니다. 욥은 비방하는 자들을 〈혀의 채찍〉(욥 5:21)이라고 불렀습니다. 비방은 사람에게 손을 대지 않고 폭력을 행사하는 것입니다. 비방하는 자는 타인의 명예를 훼손하며 그 상처는 어떤 의사도 치유할 수 없습니다. 사람의 눈과 명예는 둘 다 상처받기 쉬운 곳입니다. 하나님은 남을 비방하는 것, 특히 참된 신앙을 지키는 자를 비난하는 행위를 안 좋게 여기십니다.

너희가 나의 종 모세를 비방하기를 두려워하지 아니하였느냐?

(민 12:8)

이 말씀은 곧 〈너희는 시내 산에서 나와 대면하여 이야기하고 많은 기적을 일으켰던 나의 종을 험담하는 것을 두려워하지 않느냐!〉라고 하신 것입니다.

헬라어로 〈비방하다〉라는 단어는 〈마귀〉를 뜻합니다. (딤전 3:11) 비방은 마귀가 좋아하는 죄이며, 그는 〈형제를 참소하는 자〉(계 12:10)입니다. 마귀는 음행을 저지르지는 않지만, 거짓 증언을 합니다. 비방하는 자는 이웃의 평판을 깎아내려 명예훼손죄로 기소될 수 있습니다. 우리는 쉽게 남을 헐뜯는 본성을 지니고 있는데, 그러므로 하나님께서 〈네 이웃에 대해 거짓증거 하지 마라〉라는 계명을 주신 것을 잊어서는 안 됩니다.

적용3) 경건한 자들이 이야기하는 것은 서로 권고하기 위해서입니다. 여러분도 서로에게 권고하는 의무를 실천하십시오. 제롬은 이 구절에 대해 경건한 자들이 하나님께서 섭리하시는 일을 변호하며 악인의 비방에 낙심치 말고 거룩한 삶을 계속하도록 권면했다고 해석했습니다. 이처럼 그리스도인은 서로 영적인 지식과 경험을 나눕니다. (시 66:16) 삼손은 꿀송이를 찾아서 자기만 먹지 않고 부모에게도 드렸습니다. (삿 14:9) 여러분은 말씀의 꿀을 맛보았습니까? 그렇다면 다른 사람에게도 그것을 전하십시오!

향수 가게에 들른 사람은 옷에 향기가 베기 때문에 자기뿐 아니라 다른 사람에게도 좋은 냄새를 전합니다. 마찬가지로 그리스도의 향기를 맡은 우리는 다른 사람에게도 경건한 말로 주님의 향기를 전해야만 합니다. 우리는 소금으로 맛을 내듯이 은혜로 우리가 하는 말의 간을 맞춰야 합니다. (골 4:6) 그리스도인은 함께 걷든지 식사를 하든지 언제나 경건한 대화를 나누어야 합니다. 그것을 통해 우리는 〈먹든지 마시든지 항상 하나님의 영광을 위해〉 할 수 있습니다. (고전 10:31) 성도의 교제를 이루는 것이 경건한 대화 말고 또 무엇이 있겠습니까?

하지만 경건한 대화를 나누기 위해 무슨 이야기를 해야 할지 모르겠다는 사람도 있습니다. 여러분은 성경의 들판에서 많은 이삭을 줍지 않았습니까? 말씀에서 충분히 화제를 찾을 수 있지 않습니까? 예를 들면, 우리는 하나님께서 주신 약속에 대해서 이야기할 수 있을 것입니다. 하나님의 약속만큼 달콤한 것은 없습니다. 하나님의 약속은 우리 믿음의 토대이며 기쁨의 원천이고 성도의 특권입니다. 여러분은 천국의 시민이면서 그것의 특권에 대해 이야기하지 않을 것입니까? 또, 그리스도의 소중함에 대해 이야기하십시오. 주님은 사랑이며 보배입니다. 그분은 우리의 죗값을 치르기 위해 자신의 피를 흘리셨습니다. 여러분을 구해준 친구가 있다면 그에 대해서 자주 이야기하지 않겠습니까? 죄에 대해서도 이야기하십시오. 죄가 얼마나 치명적으로 악한지, 그것이 우리의 본성을 어떻게 오염시켰으며 우리를 지옥으로 이끄는지에 대해 말하십시오. 거룩함에 대해서도 이야기하십시오. 거룩함은 우리 영혼을 아름답게 수놓아 하나님과 천사들의 눈에 사랑스럽게 보이도록 합니다. 거룩함은 하나님의 성품을 닮는 신성한 은혜입니다. 여러분 영혼의 건강 상태에 대해 이야기하십시오. 죽음과 영원에 대해 이야기하십시오. 여러분이 속한 천국에 대해 이야기하십시오.

이처럼 거룩한 모임을 위한 주제는 아주 많습니다. 그러니 경건한 대화를 나누지 않을 이유가 무엇이겠습니까? 경건의 능력이 사라진 가장 큰 이유는 그리스도인의 경건한 대화가 부족하기 때문입니다. 서로 만나더라도 헛된 세상 이야기만 하고 하나님과 천국에 관한 이야기는 나누지 않습니다. 여러분이 경건한 대화를 많이 나누게 되도록 몇 가지 조언을 드리겠습니다.

1) 구약의 성도들 역시 거룩한 대화를 실천했습니다. 엘리야와 엘리사는 천상의 수레가 내려올 때까지 함께 경건한 대화를 나누었습니다.(왕하 2:11) 다윗은 〈내 혀는 주님의 의를 말할 것입니다〉(시 71:24)라고 고백했습니다. 초대 교회의 그리스도인은 어떤 모임에 가든지 그들이 소망하는 영광스런 왕국에 대해 이야기해서 사람들은 그들이 세속적인 명예를 추구한다고 생각할 정도였습니다. 제롬은 그리스도인 부녀자들이 많은 시간을 함께 교제하는 데 사용하였고, 그에게 찾아와 자기 영혼의 상태에 대해 끊임없이 질문했다고 하였습니다.

2) 우리는 〈세월을 아껴라〉(엡 5:16)라는 명령을 받았습니다. 시인들은 시간이 날개를 단 듯이 빠르게 흐른다고 묘사했습니다. 잃어버린 시간은 되찾을 수 없습니다. 세월을 아끼는 가장 좋

은 방법은 천국을 전하고 하나님과 우리 영혼에 대해 이야기하는데 시간을 사용하는 것입니다.

3) 예수 그리스도께서 우리에게 모범을 보여주셨습니다. 예수님의 말씀에는 거룩함이 베여 있습니다.

> **모든 사람이 그에 대해 증언하며 그의 입에서 나오는 은혜로운 말씀에 놀랐다.** (눅 4:22)

그리스도의 입술에선 은혜가 쏟아져 나왔습니다. 어떤 무리에서든 주님은 계속해서 경건한 이야기를 나누셨습니다. 야곱의 우물가에서는 사마리아 여인에게 생명의 물에 대한 은혜로운 말씀을 해주셨습니다. (요 4:14) 또, 레위가 마련한 잔치에서도 그리스도는 천상의 가르침을 베푸셨습니다. (눅 5:29) 심지어 죽음에서 부활하신 후에도 주님은 〈하나님 나라에 관한 일〉을 말씀하셨습니다. (행 1:3) 우리의 대화가 영적인 것이 될수록 우리는 더욱 그리스도를 닮아가게 됩니다. 지체된 우리가 머리 되신 그리스도를 닮아야 하는 것이 마땅하지 않습니까? 주님을 우리가 본받아야 할 모범으로 삼지 않는 사람은 그리스도께서 구원자가 되어주지 않으십니다.

4) 경건한 대화를 나누면 죄악된 대화가 방지됩니다. 마치 자갈과 진흙이 물에 휩쓸려 내려가는 것처럼, 우리는 일상의 대화를 나누면서 너무도 많은 죄를 짓습니다. 우리 혀로 얼마나 많은 죄를 짓는지 모릅니다! 근면함이 게으름을 막아주는 것처럼 경건한 대화도 혀로 죄짓는 것을 막아줍니다. 우리가 천상의 일에 대해 이야기하는 것에 익숙해진다면, 마귀는 그렇게 큰 힘을 발휘하지 못할 것입니다.

5) 우리는 사람들이 평소에 하는 대화의 내용을 통해 그의 마음속에 무엇이 있는지 알 수 있습니다. 우리가 사용하는 말은 마음속을 들여다보는 현미경과 같습니다. 거울을 보면서 얼굴이 깨끗한지 더러운지 점검하는 것처럼, 사용하는 말을 살펴보면 마음의 상태를 파악할 수 있습니다. 음탕한 말을 하는 사람은 마음이 정욕으로 가득하며, 세속적인 말을 하는 사람은 마음이 탐욕으로 가득하고, 은혜로운 말을 하는 사람은 마음이 은혜로 가득합니다. 에브라임 지파는 〈쉽볼렛〉을 〈십볼렛〉이라고 발음하여 정체가 탄로 났습니다. (삿 12:6) 이처럼 우리가 말하는 방식은 우리의 소속이 어디인지 드러냅니다. 말투는 마음을 드러내는 지표입니다. 병의 마개를 따면 안의 내용물이 흘러나옵니다. 입에서 무엇이 흘러나오는지를 보면 그의 마음속에 무엇이

담겨 있는지 알 수 있습니다.

마음에 가득한 것을 입으로 말한다. (눅 6:45)

6) 경건한 대화는 유익을 줍니다. 지혜로운 자의 혀는 상처를 치유합니다.(잠 12:18) 시기적절한 말 한마디는 사람의 마음에 큰 감명을 줘서 일평생 그에게 선한 영향을 미칩니다. 숯불 하나는 꺼지기 쉽지만 여러 개가 모이면 오랫동안 열기를 유지합니다. 그리스도인은 은혜로운 말을 통해 이웃의 마음을 은혜의 불길에 휩싸이게 합니다.

예루살렘의 딸들은 그리스도의 신부와 잠시 이야기를 나누었을 때, 그리스도의 위대함을 듣고 그들의 마음이 뜨거워져 〈오 여자 중에서 가장 아름다운 자여, 그대의 연인이 어디 있느냐? 우리가 너와 함께 그를 찾으리라〉(아 6:1)라고 하였습니다. 그리스도인은 거룩한 대화를 통해 무지한 자를 일깨우고 얼어붙은 자를 따뜻하게 감싸며 애통해 하는 자를 위로하고 흔들리는 자를 굳세게 합니다. 래티머는 감옥에 갇힌 토마스 빌니와 대화를 나누면서 그의 신앙 고백을 듣고 크게 감명하였습니다. 경건한 삶은 진정한 신앙을 돋보이게 하며 경건한 말은 그것이 널리 전파되게 합니다. 바울은 우리에게 거룩한 말을 통해 〈듣는 자로 하여금 은혜받게 하라)(엡 4:29)라고 하였습니다.

7) 우리는 훗날 우리가 내뱉은 모든 말에 대해 하나님께 설명해야 합니다. 인간은 내뱉은 말에 대해 가볍게 여기지만 하나님은 그것을 매우 무겁게 여기십니다. 우리가 내뱉은 말에 의해 우리는 구원받기도 하고 정죄 받기도 합니다.

너희가 한 말에 의해 의롭게 되기도 하고 정죄 받기도 할 것이다. (마 12:37)

우리가 내뱉는 말이 은혜로운 것이라면 하나님께서도 우리에게 유리한 선고를 내리실 것입니다.

8) 경건한 대화는 그리스도인의 명예입니다. 혀는 하나님께 영광을 돌리는 도구이기 때문에 우리의 영광이라 할 수 있습니다. (시 30:12) 우리의 혀가 비방하는 일에 맞춰져 있으면 우리의 영광이 아니겠지만, 그것으로 거룩한 이야기를 하면 혀는 우리의 영광이 됩니다.

9) 경건한 대화는 그리스도와 교제하는 수단입니다. 엠마오로 가던 두 제자가 그리스도의 수난과 죽음에 관해 대화를 나눌 때, 예수 그리스도께서 그들에게 나타나셨습니다.

> 그들이 함께 토론할 때 예수께서 친히 가까이 가셔서 그들과 동행하셨다. (눅 24:15)

악한 일에 관한 이야기가 풍성한 곳에는 사탄이 가까이 다가와 그들과 함께하지만, 경건한 이야기가 풍성한 곳에는 예수 그리스도께서 가까이 오십니다.

지금까지 언급한 모든 것을 실제로 적용해 경건한 대화에 힘쓰시기 바랍니다. 이보다 더 우리 삶에 은혜를 풍성히 더하는 방법은 없습니다. 다른 것은 쓰면 쓸수록 사라지지만, 거룩한 대화는 과부의 기름병처럼 아무리 해도 오히려 더 풍성해집니다. (왕하 4:5)

질문) 어떻게 하면 경건한 이야기를 잘할 수 있을까요?

답변1) 참된 신앙에 관해 이야기하려면, 우선 올바른 지식을 많이 쌓아야 합니다. 그래야 그것에서 귀한 보물을 취할 수 있습니다. 욥은 〈내게 할 말이 잔뜩 있다〉(욥 32:18)라고 했습니다. 아는 것이 부족하여 경건한 대화를 나누지 못하는 사람도 있습니다. 빈 병에서는 아무것도 흘러나오지 않습니다. 거룩한 이야기를 잔뜩 쏟아내기 위해서는 먼저 여러분이 경건한 지식으로 가득 채워져야 합니다.

그리스도의 말씀이 너희 안에 풍성히 거하게 하라. (골 3:16)

그리스도께서 처음으로 기적을 행하실 때, 먼저 빈 항아리에 물을 가득 채우라고 하신 다음 〈이제 떠서 연회장에 가져다주어라〉(요 2:8)라고 하셨습니다. 이처럼 우리도 먼저 우리 머리를 바른 지식으로 채우고 그다음 다른 이들에게 경건한 이야기를 전해주어야 합니다.

답변2) 하나님의 일에 대해 거리낌 없이 이야기하려면, 우선 신앙생활이 여러분의 즐거움이 되어야 합니다. 인간은 주로 자기가 좋아하는 것을 이야기합니다. 쾌락주의자는 자신이 즐기는 놀이에 대해 이야기하며, 세속적인 자는 자기가 소유한 값진 물건에 대해 이야기합니다. 자신이 즐거워하는 것에 관해서는 누구라도 유창하게 이야기합니다. 그리스도의 존귀함을 즐거워하는 자는 자기의 감정을 숨기지 못하고 그분에 관해 열정적으로 이야기할 것입니다.

나의 사랑하는 이는 피부가 희고 혈색이 좋아 만인 가운데 으뜸이다. 그는 모든 면에서 사랑스럽다. (아 5:10,16)

답변3) 하나님께 은혜와 은사를 구해야 합니다. 〈오 주님, 제 입술을 열어주소서.〉(시 51:15) 사탄은 인간의 입술을 잠급니다. 하나님께 우리의 입술을 열어달라고 기도하십시오. 그리스도를 믿게 해달라고 기도하는 사람은 많지만, 주님을 찬양하고 다른 사람 앞에서 부끄럼 없이 그리스도에 대해 말할 수 있게 해달라고 기도하는 사람은 얼마나 될까요?

> **제가 왕들 앞에서 주님을 증거할 것이며, 그것을 부끄러워하지 않을 것입니다.** (시 119:46)

이 장을 마무리하면서 두 가지 주의점을 살펴보겠습니다. 첫째, 저는 세속적인 모임에 참석하는 것을 완전히 부정하지는 않습니다. 대화를 나누기 위해서는 모임에 나갈 필요가 있습니다. 하지만 우리는 되도록 세상의 일보다 영적인 일에 기쁨과 열정을 지녀야 합니다. 우리 영혼은 세상보다 훨씬 가치 있다는 사실을 잊지 마십시오. 둘째, 자신의 신앙에 대해 이야기할 때 그것을 과시하거나 불순한 의도로 하면 안 되며, 올바른 목적으로 여러분이 말하는 하나님에 대한 진리가 다른 사람에게 충분히 공감될 수 있도록 해야 합니다.

하나님의 이름을 묵상하는 자

1. 하나님의 이름을 묵상하기

경건한 자의 두 번째 특징은 〈하나님의 이름을 묵상하는 것〉입니다. 성도들은 함께 있을 때는 서로 하나님에 대해 이야기를 나누며, 혼자 있을 때는 하나님의 이름을 묵상합니다.

질문) 하나님의 이름이란 무엇인가요?

답변1) 하나님의 이름은 그분의 본질을 나타내며, 곧 하나님 자신을 지칭합니다.

답변2) 하나님의 이름은 그분의 영광스러운 성품을 담고 있는 것입니다.

답변3) 하나님의 이름은 우리가 예배드릴 때 주님을 부르기 위해 사용되는 것입니다. 따라서 〈너희는 실로, 곧 내가 내 이름을 처음 세운 곳으로 가라〉(렘 7:12)라는 구절은 주님께서 처음으로 예배를 제정한 곳이란 뜻입니다.

오늘 본문에 등장하는 성도들은 하나님의 이름을 묵상했습니다. 생각이란 영혼이 하는 첫 번째 기능이며, 이성이 낳는 산물입니다. 본문에 나오는 경건한 자들은 늘 하나님과 천국에 대해 열심히 묵상했습니다.

경건한 사람의 가장 큰 특징은 하나님에 대한 묵상을 최우선으로 한다는 것입니다. 〈의인의 생각은 올바르다〉(잠 12:15)라는 말씀처럼 의인은 올바른 대상에게 집중합니다. 생각하는 행위는 인간에게 자연스러운 것입니다. 불꽃이 용광로에서 튀어나오듯이 생각도 우리의 정신에서 튀어나옵니다. 히브리어로 〈생각〉이란 단어는 나뭇가지란 뜻이 있는데, 이것은 가지가 나무에서 뻗어 나오는 것처럼 생각도 우리의 정신에서 뻗어 나오는 것을 의미합니다. 이처럼 생각하는 행위는 인간에게 자연스러운 일이지만, 하나님에 대해 생각하는 것은 결코 자연스럽지 않습니다. 그것은 오직 성도만 할 수 있는 일입니다. 성도의 생각은 숭고하고 거룩하며 천국을 향합니다.

정신은 생각이란 화폐를 찍어내는 조폐소와 같습니다. 다윗은 묵상을 통해 〈제가 주님과 함께 있습니다〉(시 139:18)라고 고백하며 금화와 같은 생각을 찍어냈습니다. 우리의 영혼은 생각을 통해 여행을 다닙니다. 다윗의 생각은 늘 천국의 길을 거닐었습니다. 선원의 나침반이 항상 북극을 가리키듯, 성도의 생각은 언제나 하나님을 향합니다.

질문) 어째서 성도들은 하나님을 묵상할까요?

답변1) 하나님의 완전하심 때문입니다. 묵상하는 대상이 고귀하기 때문에 계속해서 하나님을 생각하게 되는 것입니다. 하나님은 가장 선하신 분입니다. 우리가 묵상할만한 가치가 있는 존재는 오직 하나님밖에 없습니다. 〈여호와는 우리의 분깃이며〉(시 119:57) 인간이 자신의 분깃을 늘 생각하는 것은 당연한 일입니다. 은혜가 넘치는 자는 하나님을 묵상하면서 기쁨을 얻습니다. (시 63:5~6) 그는 묵상을 통해 변화산에서 변화되고 성령님의 임재를 느끼며 하나님의 사랑 안에 들어가고 영광을 미리 맛보기 때문에 하나님에 대한 생각을 그만둘 수 없습니다. 하나님을 묵상하지 못하게 하는 것은 그에게서 모든 즐거움을 빼앗는 것과 마찬가지입니다.

답변2) 성령님의 강력한 인도 하심 때문입니다. 우리는 결코 스스로 경건한 생각을 할 수 없으며(고후 3:5), 〈주의 영이 나를 들어올려〉(겔 3:14)라는 말씀처럼 다만 성령님께서 우리 마음을 하나님께 고정되도록 도와주셔야 합니다. 철이 공중으로 뜨는 현상을 목격한다면, 아마도 위에서 자석이 끌어당긴다고 생각할 것입니다. 마찬가지로 우리의 생각이 하나님께로 향하는 것도 성령님께서 신령한 자석처럼 우리를 끌어당기기 때문입니다.

적용1) 오늘 본문 말씀을 통해 반성해야 할 부분을 몇 가지 살펴보겠습니다.

1) 이 말씀은 하나님의 이름을 묵상하지 않는 자들을 반성하게 합니다. 악인의 특징은 〈그들의 모든 생각에 하나님이 없다〉(시 10:4)는 것입니다. 그들은 자기 생각 속에서 하나님을 완전히 지워 없애려고 합니다. 하나님께서 그들에게 생명을 주셨지만, 그들은 하나님을 생각하지 않습니다. 그들은 오직 땅의 일만 생각합니다. (빌 3:19) 인간이 타락하지 않았다면 충분히 스스로 하나님에 대해 생각하며 이렇게 고백했을 것입니다.

이 세상에 하나님보다 더 뛰어난 분이 어디 있나? 하나님은 별의 아름다움과 꽃의 향기와 음식의 풍미를 만드셨다. 하나님께서 지으신 피조물이 이렇게 훌륭하다면, 하나님은 얼마나 더 놀라우실까! 주님은 모든 만물보다 뛰어나시다. 오 나의 영혼이여, 물 한 방울 같은 피조물에 감탄하면서, 바다와 같은 하나님은 어째서 무시하는가? 만들어진 작품에는 감탄하면서, 그것을 만든 장인은 어째서 무시하는가?

하나님을 잊는 것이 죄의 본질이며, 이것은 우리 영혼을 비뚤어지게 하고 올바른 목표를 향하지 못하게 합니다.

2) 이 말씀은 하나님을 바르게 묵상하지 않는 자들을 반성하게 합니다. 여호와께서는 엘리바스에게 〈네가 나에 대해 옳게 말하지 않았다〉(욥 42:7)라고 꾸짖으셨습니다. 이처럼 어떤 이들은 하나님을 잘못되게 묵상하는 경우도 있습니다.

첫째, 그들은 하나님을 매우 과소평가합니다. 마치 하나님을 자기들과 같을 것으로 생각합니다. (시 50:21) 인간은 하나님께서 자기들처럼 근시안적이어서 눈앞에 있는 것만 볼 수 있다고 착각합니다. 하지만 시계를 만든 장인이 시계 안의 모든 부품과 원리를 잘 아는 것처럼, 하나님은 마음을 살피시는 분이며 우리 생각 속에 있는 모든 계획과 음모를 꿰뚫어 보십니다.(욥 42:2, 암 4:13) 〈내가 그들의 행위를 아는 증인이다〉(렘 29:23)라는 말씀처럼 하나님은 거짓된 마음의 진짜 동기를 파악하십니다.

둘째, 인간은 하나님에 대해 매우 잘못된 생각을 품고 있습니다. 우선 그들은 하나님의 길이 공의롭지 못하다고 여깁니다.

> 그런데 너희는 〈주의 길이 공의롭지 않다〉라고 말한다. 들어라, 오 이스라엘 족속아, 나의 길이 공의롭지 못하냐? 공의롭지 못한 것은 너희의 길이 아니더냐?(겔 18:25)

어떤 이는 하나님의 섭리를 이성의 잣대로 판단하여 공의롭지 못하다고 여기기도 합니다. 하지만 하나님은 〈내가 정의를 줄자로 삼고 공의를 추로 삼을 것이다〉(사 28:17)라고 말씀하셨습니다. 하나님의 길은 은밀하지만 결코 불의하지 않습니다. 우리가 보기에는 하나님께서 잘못된 길로 가는 것 같아도, 주님은 언제나 가장 올바른 길을 가십니다.

또, 그들은 하나님의 길이 무익하다고 여깁니다. 그들은 〈하나님을 섬기는 일이 무익하다. 하나님의 명령을 지키는 일이 우리에게 무슨 유익이 있나?〉(말 3:14)라고 말합니다. 하지만 우리는 지금 무엇을 얻고 있는지 알 수 없습니다. 하나님에 대한 이런 생각은 잘못된 것입니다. 인간은 하나님이 가혹한 주인이라고 생각하지만, 하나님은 결코 인간을 착취하지 않고 오히려 〈너희가 헛되이 내 제단에 불을 지피는 일은 없다〉(말 1:10)라고 하시며 두 배로 갚아주십니다.

3) 이 말씀은 하나님이 아니라 온통 헛된 생각만 하는 자들을 반성하게 합니다. 헛된 생각은 머릿속의 거품과 같은 것입니다. 주님은 〈너희의 헛된 생각이 언제까지 너희 안에 머물겠느냐?〉(렘 4:14)라고 하십니다. 물론 경건한 마음을 지닌 사람도 때로는 헛된 생각에 빠질 수 있지만, 그들은 그것에 머물러 있지 않고 하루가 지나기 전에 그런 생각을 떨쳐버립니다. 하지만 악인은 그렇지 않고 헛된 생각에 계속 머물러 있어서 〈오직 헛되고 아무 유익도 없습니다.〉(렘 16:19) 그들의 생각은 그저 지푸라기처럼 어리석고 허무할 뿐입니다. 이런 생각은 마음을 편안하게 해주지도 못하고 죽음을 앞두었을 때 조금의 위로도 주지 못합니다. 〈바로 그 날에 그가 생각했던 것이 모두 사라질 것입니다.〉(시 146:4) 헛된 생각은 우리 마음을 오염시켜 악으로 물들게 합니다.

4) 이 말씀은 악한 생각을 품는 자들을 반성하게 합니다. 악한 생각이란 우선 교만한 생각을 말합니다. 자기애에 빠진 사람은 자신에 대해 높게 평가하며 머릿속에 오만한 생각으로 가득하여 거들먹거립니다. (행 5:36) 또, 악한 생각이란 불순한 생각을 말합니다. 그들은 자기의 정욕을 채울 생각으로 가득하며 육신의 일을 도모합니다. (롬 13:14)

죄는 생각하는 것에서 시작합니다. 인간은 먼저 죄를 계획하고 그것을 실행에 옮깁니다. (미 2:1~2) 예를 들어, 신분 상승을 원하는 사람은 어떤 사다리에 올라타야 자기에게 이득이 될지 고민합니다. 그런 다음 아첨하고 굽실거리며 양심을 저버리는데, 왜냐면 그것이 올라가기 위한 방법이라고 생각하기 때문입니다. 부자가 되려고 하는 사람도 마찬가지로 먼저 부를 얻을 계획을 세우고 그것을 실천에 옮깁니다. 심지어 부를 얻기 위해 자기 영혼까지 팔며 다른 사람을 해치기도 합니다. 그는 나봇을 죽이려는 이세벨처럼 악랄한 계획을 꾸밉니다.

> 이세벨이 명령하였다. 〈백성을 함께 모아 금식과 기도를 하며 나봇을 높은 자리에 앉혀라. 불량배 둘을 찾아 그가 하나님과 왕을 저주했다고 고소하게 시켜라. 그런 후 그를 끌어내어 돌

로 쳐 죽여라.〉(왕상 21:9~10)

생각은 우리에게 큰 해를 끼치기도 합니다. 〈어리석은 자는 마음속으로 하나님은 없다라고 말한다〉(시 14:1)라는 말씀처럼 사람들은 생각을 통해 하나님을 부정합니다. 또, 생각으로 음행을 저지를 수도 있습니다. 주님은 〈누구든지 음욕을 품고 여자를 바라보는 자는 이미 마음 속으로 그 여자와 간음하였다〉(마 5:28)라고 말씀하십니다. 심지어 〈누구든지 형제를 미워하는 자는 살인자이다〉(요일 3:15)라는 말씀처럼 생각으로 다른 사람을 살해할 수도 있습니다. 이처럼 이 세상에는 생각으로 저지르는 악이 너무도 많습니다. 죄악된 생각을 두렵게 여기십시오. 끔찍한 죄에 대해서는 몸서리치지만, 생각으로 저지른 죄에 대해서는 관대한 사람이 많습니다. 하지만 행동으로 실천되지 않더라도 생각만으로 충분히 죄가 된다는 사실을 잊어서는 안 됩니다.

어리석은 자의 생각은 죄이다. (잠 24:9)

이것은 두 가지 형태로 나타나는데, 첫째는 질투입니다. 〈빌라도는 그들이 질투 때문에 그를 넘겨준 것을 알았다〉(마 27:18)라는 구절에서 보듯이 유대인은 그리스도께서 기적을 일으켜 명성을 얻는 것을 질투했습니다. 그들은 생각으로 죄를 범하였습니다. 유대인은 비록 자기 손으로 그리스도를 못 박은 것은 아니었지만, 그리스도를 질투함으로써 그들도 똑같이 죄를 지은 것입니다. 두 번째 형태는 불만족입니다.

> 여호와께서 아벨과 그의 제사는 받으셨으나 가인과 그의 제사는 받지 않으셨다. 가인은 이것을 매우 화내며 낙심하였다. (창 4:4~5)

가인은 동생을 미워하며 매우 불만스러운 생각을 품었습니다. 그렇게 그는 생각으로 죄를 지었습니다. 가인은 동생을 죽이기 전에 이미 생각으로 살인을 저질렀던 것입니다.

하나님은 죄악된 생각을 모두 벌하실 것입니다. 인간의 법정에서는 생각만 하는 것은 죄가 아니지만, 하나님은 모든 악한 생각마저 벌하십니다. 헤롯도 그리스도를 경배할 것처럼 하면서 속으로는 그분을 죽일 음모를 꾸몄습니다. (마 2:8) 그러므로 우리 모두 생각으로 지은 죄를 회개하고 자신을 겸손히 낮춰야 합니다. 혹시 속으로 악한 일을 생각했다면 손으로 입을 막아야 합니다. (잠 30:32) 이것은 여호와 앞에 우리 자신을 낮추는 행동입니다. 거룩한 백성은 자기 생각을 경계해야 합니다. 우리의 생각은 불안정하기 때문입니다. 기도할 때도 잡다한 생각이 변덕스럽게 떠오르지 않습니까? 경건한 생각에 집중하는 일은 결코 쉽지 않습니다. 또한, 우리의 생각은 불경건하기 때문에 경계해야 합니다. 아무리 탐스럽게 생긴 과일이라고 해도 벌레가 있을 수 있는 것처럼, 아무리 정직한 마음이라고 해도 악한 생각이 떠오를 수 있습니다. 두 사람이 서로 마음속을 들여다볼 수 있다면, 부끄러워서 얼굴이 벌게질 것입니다. 그러니 우리의 생각에 대해 경계심을 늦추지 마십시오. 오직 그리스도만 바라보고 그분이 우리와 하나님의 정의 사이에서 중재해주셔서 우리 마음속의 생각이 용서받을 수 있도록 기도하십시오.

적용2) 하나님의 이름을 묵상하십시오. 날마다 하나님께 집중하십시오. 우리 생각에 날개를 달고 낙원의 새처럼 천국을 누비십시오. 그리스도인이라면 하나님을 묵상하지 않고 보내는 날은 잃어버린 시간이라고 생각해야 합니다. 집이든 직장이든 어디서나 하나님을 묵상하십시오. 이삭은 하나님을 묵상하기 위해 들로 나갔습니다. (창 24:63) 그는 거룩한 생각을 품고 천국을 거닐었습니다. 우리 마음도 이처럼 거룩한 생각에 푹 잠겨야 합니다. 이따금 하나님에 대해 생각하는 것만으로는 부족하며 우리 마음이 항상 하나님께 고정되어 〈우리 안에서 마음이 뜨겁게 타오르지 아니하냐?〉(눅 24:32)라고 고백할 수 있을 정도가 되어야 합니다.

그러면 거룩한 묵상을 하기 위해서는 무엇을 생각해야 할까요? 하나님의 광대하심을 묵상하십시오. 하나님의 놀라운 신성에 대해 깊이 생각하십시오. 하나님의 전지하심을 생각하십시오. 하나님은 우리가 행하는 모든 일을 아시며 그분의 책에 기록해 두십니다. 하나님의 거룩하심을 생각하십시오. 거룩함은 하나님께서 쓰신 면류관의 보석 중에 가장 빛나는 것입니다. 하나님의 자비로움을 생각하십시오. 자비로움은 하나님의 다른 모든 성품을 더욱 은혜롭게 해줍니다. 하나님께 자비가 없다면 그분의 거룩함과 정의는 무시무시한 것이 됩니다. 하나님의 진실함에 대해 묵상하십시오. 하나님은 〈진리가 풍성하십니다.〉(출 34:6) 하나님은 약속하신 것을 결코 어기지 않으시며, 오히려 그보다 더 많은 것을 주십니다. 하나님께서 행하신 일들을 묵상하십시오. 다윗은 〈제가 주님이 행하신 모든 일을 묵상할 것입니다〉(시 77:12)라고 했습니다. 하나님께서 행하신 일은 크게 창조, 섭리, 구원의 세 가지로 분류할 수 있습니다. 우리는 이 일들에 대해 깊이 묵상해야 합니다.

2. 하나님에 대해 묵상해야 하는 이유

그러면 하나님에 대해 묵상해야 하는 이유에 대해서 살펴보겠습니다.

1) 하나님께서 우리에게 이성을 주신 것은 그분의 이름을 묵상하게 하기 위해서입니다. 우리 마음이 헛된 생각에 빠지려고 할 때마다 〈이런 것을 하기 위해 하나님께서 나에게 이성을 주신 것일까? 오직 하나님에 대해 묵상하라고 주신 것이 아닐까?〉라고 스스로 질문해야 합니다.

2) 경건한 묵상에 익숙해지지 않으면 경건한 그리스도인이 될 수 없기 때문입니다. 천국의 일을 진지하게 생각하다 보면, 우리 마음이 천국의 기쁨과 풍성함으로 가득 채워집니다. 거룩한 것을 묵상하는 것은 마치 음식을 소화하듯이 영적인 영양분을 섭취하는 것과 같습니다. 거룩한 묵상이 없으면 참된 신앙도 없습니다. 경건함에 대해 거의 생각해본 적이 없는 사람이 어떻게 경건한 생활을 할 수 있겠습니까?

3) 하나님을 묵상하는 것이 우리의 의무이기 때문입니다. 우선 우리를 만드신 분이 하나님이십니다. (시 100:3) 우리 몸은 하나님께서 손수 빚으신 것입니다. (시 139:15) 하나님은 우리의 형태를 빚으셨을 뿐 아니라 그 안에 귀한 보석인 영혼을 넣어주셨습니다. 그러니 우리를 만드신 하나님을 묵상하는 것이 마땅하지 않겠습니까? 또한, 하나님은 다양한 은혜로 우리 삶을 풍요

롭게 해주십니다. 시칠리아에 있는 어떤 도시는 위치가 굉장히 좋아 온종일 태양을 볼 수 있다고 합니다. 이처럼 하나님도 우리에게 언제나 은혜의 빛줄기가 내리쬐도록 섭리하십니다. 하나님의 은혜는 기적적으로 우리에게 임합니다. 하나님은 우리를 가장 좋은 음식, 곧 생명의 떡으로 먹이시며 천사들로 하여금 우리를 지키게 하며 반석에서 강물처럼 기름이 흐르게 하십니다. 시냇물을 따라가면 샘물을 발견할 수 있듯이, 하나님의 은혜를 묵상하면 그분을 발견할 수 있습니다.

4) 하나님을 자주 묵상하는 것이야말로 신실함의 증거이기 때문입니다. 진실하고 구별된 신앙을 감별하기 위해서는 영적인 일에 대해 얼마나 묵상하는지 보면 됩니다. 인간의 생각에는 자신의 정체성이 담겨 있습니다. 마음속에 품은 생각처럼 그 자신도 그러합니다.(잠 23:7) 생각은 말보다 위선에 빠질 위험이 적습니다. 말을 할 때는 겉으로 선하고 친절한 척하는 사람도, 혼자서 하나님의 이름을 묵상하고 그분의 위대함을 찬미할 때는 자신의 마음이 올바른지 아닌지 분명히 알 수 있습니다. 또한, 생각은 행동보다도 위선에 빠질 위험이 적습니다. 겉으로 보이는 행동은 사랑스럽지만 실제로는 탐욕스럽고 복수심에 불타는 마음을 지닌 사람도 있습니다. 죄짓는 행동은 감출 수

있더라도 마음속에 품은 죄는 감출 수 없습니다. 그러므로 늘 하나님을 영적으로 묵상하는 사람은 신실하며 악에서 자유로운 삶을 삽니다.

여러분은 평소에 주로 무엇을 생각합니까? 여러분의 생각이 가장 자주 머무르는 곳은 어디인가요? 여러분은 〈주님, 우리가 늘 천국을 마음에 품으며 낙원을 생각합니다. 비록 주님의 얼굴을 볼 수는 없어도 항상 주님의 이름을 묵상합니다〉라고 고백할 수 있습니까? 이것이야말로 신실함의 증거입니다. 우리는 사람을 판단할 때 행동을 보지만, 하나님은 그들의 생각을 보십니다!

5) 하나님을 묵상하면 세상을 향한 사랑을 버릴 수 있기 때문입니다. 매우 높은 곳에 올라선 사람에게는 세상의 모든 것이 작게 보입니다. 알프스 정상에 올라선 사람에게는 이탈리아의 대도시가 작은 마을처럼 보입니다. 마찬가지로 그리스도의 지극히 높은 영광을 묵상하는 자에게는 세상의 모든 것이 아무것도 아니게 보입니다! 믿음으로 눈에 보이는 차원을 넘어선 자는 세상을 자기 발아래 둡니다. 참된 성도는 세상일에 대해 본인이 원해서가 아니라 어쩔 수 없는 경우에만 관여합니다. 바울의 생각은 숭고하고 고상했습니다. 그는 높은 곳에서 세상

을 거들떠보지 않으며 〈세상은 나에 대하여 십자가에 못 박혔다〉(갈 6:14)라고 말했습니다.

6) 하나님을 묵상하는 것은 죄를 추방하기 때문입니다. 불경건함은 하나님을 묵상하지 않기 때문에 생깁니다. 하나님의 거룩함과 공의를 깊이 묵상한다면, 인간은 감히 지금처럼 많은 죄를 범할 수 없을 것입니다. 요셉이 죄를 짓지 않은 이유도 그가 죄를 벌하시는 하나님을 항상 묵상하고 있었기 때문입니다. 죄의 쾌락이 유혹할 때 우리를 지켜보시고 심판하시는 하나님을 묵상하십시오. 이것은 검을 뽑아 든 천사를 보는 것처럼(민 22:31) 식은땀이 흐르도록 할 것이며, 결국 죄짓는 것을 두려워하게 할 것입니다.

7) 하나님을 묵상하면 하나님을 더욱 사랑할 수 있기 때문입니다. 다윗은 〈내가 묵상할 때 불이 타올랐다〉(시 39:3)라고 했으며, 우리도 그와 같이 하나님을 묵상해야 합니다. 하나님을 생각할 때 우리의 마음은 사랑으로 뜨거워집니다. 우리 마음이 차갑고 신앙이 식어버리는 이유는 하나님을 묵상하지 않았기 때문입니다. 돋보기로 태양 빛을 모으면 불이 붙어 타오릅니다. 마찬가지로 우리 생각이 의의 태양이신 그리스도에게 집중되면 우

리 마음은 사랑으로 불타오르게 됩니다. 그리스도의 신부는 그분의 존귀함을 보자마자 바로 상사병에 걸렸습니다. (아 5:8) 성도 여러분, 우리를 천사들보다 더욱 생각하시는 그리스도의 사랑 안에 거하십시오. 주님은 우리를 위해 상처를 입으셨으며, 우리의 상처에 길르앗 향유를 부어 치유하시며, 아버지께서 내리시는 진노의 바다에 뛰어들어 우리를 불 못에서 건져내신 분입니다. 어느 것과도 비교할 수 없으며 천사들도 기이하게 여기는 이 놀라운 사랑을 묵상하십시오. 그러면 여러분의 마음은 뜨거워지며 눈물이 울컥 쏟아질 것입니다.

8) 하나님을 묵상하면 우리로 하여금 하나님의 형상을 닮아가게 하기 때문입니다. 야곱의 양떼가 껍질을 벗긴 흰 줄무늬 나무 막대를 보고 그것을 닮은 새끼를 낳은 것처럼(창 30:39), 하나님의 거룩함을 묵상하는 자는 그분의 형상을 닮게 됩니다!

우리가 거울을 보는 것처럼 주님의 영광을 보며 주님과 같은 형상으로 변화된다. (고후 3:18)

모세가 시내 산에서 하나님과 함께 있는 동안 변화되어 얼굴이 빛난 것처럼(출 34:35), 하나님을 묵상하는 자는 변화되어 하나님의 거룩하심을 닮게 됩니다. 하나님을 닮아감이 바로 경건해지는 것입니다. 그리고 하나님의 이름을 묵상할 때 우리는 하나님을 닮아갑니다.

9) 하나님을 묵상하는 것은 즐겁기 때문입니다. 그것은 우리 영혼을 기쁘게 합니다. 다윗은 〈하나님을 묵상하는 것이 즐겁다〉(시 104:34)라고 하였습니다. 하나님을 바라보며 그분을 묵상하는 사람은 거룩한 기쁨으로 충만해져 베드로가 변화 산에서 고백했던 것처럼 〈주님, 이곳에 있는 것이 저희에게 좋습니다!〉라고 합니다. 거룩한 생각은 마치 방주 밖으로 날려 보낸 비둘기처럼 평화를 상징하는 감람나무 잎사귀를 물어옵니다. 어떤 사람은 삶에 기쁨이 없다고 불평합니다. 하지만 하나님에 대해 묵상하지 않으면 삶에 기쁨이 없는 것은 너무도 당연한 일입니다! 기쁨과 위로를 주시는 분이 바로 하나님이시지 않습니까? 사실 이스라엘 백성도 매일 만나를 받으면서도 하나님에 대해 전혀 묵상하지 않았습니다. 그런데 하나님은 그분에 대해 전혀 생각하지 않는 자들에게 천상의 기쁨이란 만나를 결코 내려주시지 않으십니다. 심령의 기쁨을 얻고 싶다면 하늘의 것을 생각하십시오. 높이 나는 종달새일수록 더 아름다운 노래를 부르는 법입니다. 우리 영혼도 하나님에 대한 생각으로 높이 날수록 더욱 큰 기쁨을 얻을 것입니다!

10) 하나님을 묵상하는 것은 큰 유익을 주기 때문입니다. 세상 일에 골몰하는 것은 자주 헛수고일 때가 많습니다. 어떤 사람은 자식을 위해 남겨줄 유산을 축적하는 일에 집중하는데, 그 아이가 먼저 죽어도 문제이고 살아서 유산을 받게 되더라도 큰 시험을 겪을 것입니다. 어떤 사람은 왕의 총애를 받는 동안 정치적으로 높은 자리에 오를 생각에 집중하지만, 갑자기 왕의 총애를 잃어버리면 그의 계획은 모두 수포가 되고 맙니다.

사람들은 공중에 자기만의 성을 쌓으려고 할 때가 많습니다. 하지만 하나님을 묵상하는 사람만이 진정한 유익을 얻을 것이며, 〈내 영혼이 영양 많고 기름진 음식을 먹을 때처럼 만족하며, 내 입이 기쁨의 입술로 주님을 찬양할 것입니다. 제가 침상에서 주님을 기억하며 밤새도록 묵상합니다〉(시 63:5~6)라고 고백할 것입니다. 건강한 시절에 하나님을 묵상하면, 병약한 시절에 위로를 얻을 것입니다.

11) 하나님께서 우리를 생각해주시기 때문입니다. 〈여호와께서 우리를 생각하십니다!〉(시 40:17) 하나님은 매일 아침 우리에게 새로운 은혜를 내려주십니다. (애 3:23) 또, 매일 밤 은혜를 베푸셔서 〈사랑하는 자에게 잠을 주십니다.〉(시 127:2) 밤중에 깨어

있을 때는 우리에게 찬송을 주십니다. (욥 35:10) 이처럼 하나님은 밤낮으로 우리를 생각해주시는데, 우리가 그분을 생각하지 않을 수 있겠습니까? 우리를 늘 염려해주는 친구를 어떻게 무시할 수 있겠습니까? 우리를 향한 주님의 생각은 재앙이 아니라 평안을 주려는 것입니다. (렘 29:11) 비록 우리는 하나님을 볼 수 없지만, 하나님은 우리를 항상 지켜보십니다!

12) 하나님은 장차 우리의 생각을 모두 심판하실 것입니다. 하나님께서 탐욕스러운 자에게 〈나는 너에게 지적인 능력을 주었는데, 너는 그것으로 무엇을 하였느냐? 너는 지금까지 무슨 생각을 하며 살았느냐?〉라고 질문하시면, 그는 〈부를 쌓는 것을 생각했습니다〉라고 대답할 것입니다. 권력자에게 물으시면 〈우리의 권력으로 경건의 능력을 짓밟았습니다〉라고 대답할 것입니다. 이런 자들이 심판의 날에 받을 대가가 얼마나 무시무시하겠습니까? 인간은 행위뿐 아니라 생각으로 지은 죄의 대가도 치를 것입니다.

> 그들의 양심도 증인이 되며, 그들의 생각이 자기를 고소하기도 하고 옹호하기도 한다. (롬 2:15)

13) 하나님에 대한 묵상은 결코 헛되지 않기 때문입니다. 하나

님은 우리가 생각으로 하는 선행도 인정해주십니다. 다윗은 하나님의 전을 지어야겠다는 선한 생각을 품었으며 하나님은 그것을 마치 다윗이 이미 실천한 것처럼 인정해주셨습니다.

> 네가 나의 이름을 위한 전을 지을 생각을 마음에 품었으니, 그런 마음을 지닌 것은 잘한 일이다. (대하 6:8)

하나님의 영광을 높이려는 생각을 품고 있는 그리스도인은 실제로 그럴만한 능력이 주어졌을 때 분명히 실천할 것이며, 따라서 주님은 생각만으로도 그것을 인정해주시는 것입니다. 그러므로 하나님에 대한 묵상은 결코 헛되지 않습니다.

3. 하나님을 묵상하는 방법

아무리 좋은 약이라도 처방이 잘못되면 독이 될 수 있습니다. 마찬가지로 선한 일도 잘못 행하면 우리 영혼을 망칠 수 있습니다. 하나님을 묵상하는 것은 좋은 일이지만 때로는 잘못된 방식으로 하는 경우도 있습니다. 우선 어떤 것이 하나님을 묵상하는 잘못된 방식인지 살펴보겠습니다.

1) 하나님을 묵상하는 잘못된 방식

첫째, 하나님의 영광을 위하지 않은 묵상은 잘못된 것입니다.

예후는 바알 숭배자들을 처단하겠다는 생각을 했지만, 그것의 목적은 자기가 왕위에 오르려는 것이었습니다! 목적이 잘못되었다면 아무리 선한 행동이라도 잘못된 것입니다.

둘째, 억지로 하는 묵상은 잘못된 것입니다. 하나님께 징계를 받아 억지로 하는 묵상에는 하나님을 향한 사랑이 담겨있지 않습니다.

> 하나님께서 그들을 죽이실 때, 그제야 그들은 하나님께서 그들의 반석이시며 지극히 높으신 하나님께서 그들의 구원자이심을 기억했다. 그런데도 그들은 그저 입으로만 아첨할 뿐이었다. (시 78:34~36)

이것은 하나님께서 내리시는 징계를 모면하기 위한 것에 불과하므로 잘못되었습니다.

셋째, 양심의 가책 때문에 마지못해 하는 묵상도 잘못된 것입니다. 양심은 불경한 죄인에게 〈너는 하나님을 묵상하지도 않고 쾌락만 탐하는 악인이다〉라고 질책합니다. 그럴 때 그는 잠시 억지로 하나님에 대해 묵상하곤 하는데, 이것은 양심에 순종하는 것이 아니라 양심의 질책을 잠재우기 위한 것일 뿐입니다.

넷째, 공포심을 느끼며 하는 묵상은 잘못된 것입니다. 하나님의 주권을 묵상하며 겁에 질리는 자들이 있습니다. 우리는 이처럼 하나님을 생각하면서도 오히려 죄를 지을 수 있습니다.

2) 하나님을 묵상하는 올바른 방식

첫째, 하나님을 묵상할 때는 진지해야 합니다. 깃털은 물 위에 뜨지만, 황금은 물속에 가라앉습니다. 깃털 같은 심령은 가벼운 생각만 하지만, 경건한 자의 마음은 하나님에 대해 깊이 묵상합니다.

둘째, 하나님에 대한 묵상은 영적이어야 합니다. 하나님을 묵상할 때 그분을 피조물의 형상처럼 상상하는 죄를 범해서는 안 됩니다. 모세는 〈여호와께서 호렙의 불 속에서 너희에게 말씀하셨을 때 어떠한 형상도 보지 못한 것을 기억하라〉(신 4:15)라고 경고했습니다. 그러므로 그리스도 안에 계신 하나님을 묵상하십시오. 우리가 태양을 직접 바라볼 수 없는 것처럼, 그리스도 외에 다른 방법으로는 하나님을 볼 수 없습니다. 하지만 태양 빛을 보며 태양의 존재를 알 수 있듯이, 우리는 그리스도를 통해 하나님을 생각할 수 있습니다. 그리스도 안에는 하나님의 신성이 거합니다. (골 2:9) 중재자 예수 그리스도를 통해 무한한 영광의 영이신 하나님을 묵상하십시오.

셋째, 하나님을 묵상할 때는 기쁨으로 해야 합니다. 어린아이가 아버지를 생각할 때 얼마나 기뻐합니까! 은혜가 충만한 영혼은 하나님을 생각하는 시간을 가장 귀하게 여깁니다.

넷째, 하나님에 대한 묵상은 우리의 삶에 변화를 가져와야 합니다. 하나님의 신실하심을 묵상하면 우리는 그분을 더욱 신뢰하고 모든 것을 털어놓게 됩니다. 하나님의 거룩하심을 묵상하면 우리는 더욱 주님께 순종하게 됩니다. 묵상을 통해 우리 삶이 변화된다면, 그것이야말로 하나님에 대한 올바른 묵상입니다.

3) 삶에 적용하기

우선 하루를 시작할 때 거룩한 묵상으로 시작하십시오.

제가 깨어났을 때 여전히 주님과 함께 있습니다. (시 139:18)

우리가 일어나서 가장 처음 생각하는 대상은 하나님이어야 합니다. 율법에는 여호와께서 첫 열매를 받으신다고 했습니다. 아침에 일어나서 생각의 첫 열매를 하나님께 드리십시오. 처음 가미한 향신료가 가장 오래 풍미를 유지하는 것처럼, 경건한 생각으로 아침을 시작하면 우리 마음은 온종일 더 나은 상태를 유지할 것입니다.

또한, 하나님에 대한 묵상을 방해하는 것에 주의하십시오.

첫째, 헛된 것에서 눈을 돌리십시오. (시 119:37) 헛된 것은 우리의 생각을 오염시킵니다. 음란한 그림이나 이야기는 우리의 마음에 나쁜 영향을 남깁니다.

둘째, 할 수 있는 한 세상에서 관심을 돌리십시오. 세속적인 생각이 마음속에 침투하면 경건한 생각은 사라지고 맙니다!

셋째, 하나님과 그분의 길을 사랑하십시오. 인간은 자신이 사랑하는 것에 관심을 두기 마련입니다. 젊은 여인이 어찌 자기 귀금속을 잊을 수 있겠습니까? (렘 2:32) 몸에 장식하고 있지 않더라도 마음속으로 깊이 생각할 것입니다. 사랑에 빠진 사람은 사랑하는 대상을 생각하지 않을 수 없습니다. 여러분이 하나님을 생각하지 않는 이유는 그분을 더 이상 사랑하지 않기 때문입니다! 하나님에 대한 사랑이 조금이라도 있다면 여러분은 간절히 하나님을 묵상하고 기도할 것입니다. 본질적으로 우리 마음은 하나님께 집중할 수 없으며, 오직 하나님을 향한 사랑만

이 그것을 가능하게 합니다.

넷째, 하나님께 모든 관심을 집중하십시오.

참으로 이 하나님은 우리의 하나님이시다! (시 48:14)

우리는 우리의 소유에 대해 가장 많이 생각합니다. 지나가다 멋진 집과 정원을 본다면 잠시 눈길을 끌 수는 있지만, 결국 그의 생각은 자기 집에 머물게 됩니다. 사람들이 하나님을 생각하지 않는 이유는 그들이 하나님과 아무런 관계가 없기 때문입니다. 하나님께 관심이 쏠려 있는 사람은 그분을 생각하지 않을 수 없습니다.

하나님을 두려워하는 자의 유익

그때에 여호와를 두려워하는 자들이 서로 자주 이야기하고, 여호와는 그것을 분명히 들으셨다. 주님 앞에 있는 기념 책에 여호와를 두려워하며 그분의 이름을 기억하는 자들에 관해 기록되었다. 전능하신 여호와께서 〈내가 나의 보석들을 완성하는 그 날에, 그들은 나의 소유가 될 것이다. 사람이 자기를 섬기는 아들을 감싸주는 것처럼, 내가 그들을 감싸줄 것이다. 그리고 너희는 의인과 악인, 하나님을 섬기는 자와 그렇지 않은 자의 차이를 다시 보게 될 것이다〉라고 말씀하신다. (말 3:16~18)

1. 하나님께서 귀를 기울이심

여호와는 그것을 분명히 들으셨다. (말 3:16)

본문에 나오는 이 축복받은 자들은 하나님에 대해 말하고 묵상하던 자들이었으며, 주님은 그들에게 항상 귀를 기울이셨습니다. 하나님은 그들의 이야기를 관심 있게 들으며 기뻐하셨습니다.

1) 〈분명히 들으셨다〉라는 표현에는 하나님께서 그들에게 큰 관심을 기울이셨다는 뜻이 담겨 있습니다. 하나님은 그들에게 귀를 기울이시고 무슨 말을 하는지 유심히 들으셨습니다.

2) 하나님께서 귀를 기울이셨다는 것은 그만큼 성도들이 나누는 거룩한 대화에 기뻐하셨다는 것입니다. 주님은 아름다운 노래를 듣는 것처럼 그들의 이야기를 기뻐하셨습니다.

하나님은 그분의 백성이 행하는 선한 일에 특별한 관심을 기울이십니다. 하나님의 자녀들은 하나님께서 자기에게 별로 관심이 없다고 여기며, 〈제가 주님께 울부짖었으나 주님은 듣지 않으십니다〉(욥 30:20)라고 하는 사람도 있을지 모릅니다. 교회는 하나님께서 기도를 듣지 않으신다고 불평하기도 합니다. (애 3:8) 하지만 하나님께서 이따금 침묵하실 때도 있으나 주님은 귀를 막고 계시지는 않습니다. 주님은 그분의 백성이 하는 모든 선한 일에 관심을 기울이시며 그것을 분명히 들으십니다.

하나님께서 백성이 하는 일에 관심을 보이시는 이유는 무엇일까요?

첫째, 그들의 행위가 어떠한 공로가 되어서가 아니라 하나님께서 값없이 주시는 은혜 덕분입니다. 우리가 아무리 선한 일을 하더라도 하나님의 기준을 충족하기에는 턱없이 부족하지만, 하나님은 은혜로써 그것을 칭찬해주실 것입니다. 하나님의 엄격한 공의는 우리를 정죄하지만, 주님은 값없이 주시는 은혜로 우리를 받아주십니다.

둘째, 하나님께서 우리가 하는 선한 일에 관심을 보이시는 이유는 그리스도 덕분입니다. 하나님은 그분의 사랑하는 아들 안에서 우리에게 거저 은혜를 베푸십니다. (엡 1:6) 크리소스톰은 이것을 가리켜 하나님께서 우리를 그분의 총애로 삼으셨다고 표현했습니다. 붉은색 안경을 쓰면 모든 것이 붉게 보입니다. 이렇듯, 그리스도의 보혈을 통해 우리의 인격과 행위는 하나님의 눈에 루비처럼 아름답게 보입니다!

셋째, 하나님께서 우리의 선행에 관심을 기울이시는 이유는 그것이 하나님의 은혜로 말미암아 행해진 일이기 때문입니다. 하나님은 믿는 자의 목소리를 귀하게 여기시며 〈오 나의 비둘기야. 너의 목소리가 아름다우니 내게 들려주어라〉(아 2:14) 라고 하십니다. 하나님께 악한 자의 행위는 신 포도 같으나 경건한 자의 행위는 은혜의 뿌리에서 자라난 첫 열매처럼 달콤합니다. (미 7:1)

적용1) 이 구절을 통해 알 수 있는 사실은 다음과 같습니다.

1) 하나님께서 분명히 들으신다는 말은 그분의 전지하심을 나타냅니다. 하나님께서 전지하시지 않다면 어떻게 하늘에서 성도들이 말하는 것과 생각하는 것을 모두 아실 수 있겠습니까? 하나님은 본질적으로 모든 것을 완전하게 아십니다. 모든 민족의 음모와 적들의 계략을 파악하십니다.(출 14:24) 미래에 일어날 사태도 모두 인지하고 계십니다.

하나님의 지식은 모든 지식의 근원입니다. 하나님은 모든 지식의 원형이며 원천입니다. 하나님은 모든 것을 즉시 파악하십니다. 우리는 사물을 볼 때 원인과 결과에 따라 순차적으로 파악하지만, 하나님은 모든 것을 한 번에 전체적으로 파악하십니다. 하나님의 지식은 전혀 오류가 없습니다. 하나님의 지식은 무한히 광대하여 바울 사도는 〈하나님의 지혜와 지식은 깊고 풍성하도다!〉(롬 11:33)라고 탄성을 질렀습니다. 세상은 하나님께 마치 유리관 속의 벌집처럼 모든 것이 투명하게 보입니다. 여호와의 눈에 감추어진 것은 없습니다.

> **어떤 피조물도 하나님의 시야에서 숨겨지지 않는다. 장차 우리가 모든 것을 고해야 할 하나님의 눈앞에 모든 것이 벌거벗은 것처럼 드러난다.** (히 4:13)

2) 우리의 허물은 덮어주시면서 우리의 선행에는 귀를 기울이시는 하나님의 선하심을 엿볼 수 있습니다. (민 23:21) 성령님은 사라를 평가할 때 하나님의 약속을 비웃었던 그녀의 불신앙은 덮어주신 반면, 〈사라는 아브라함을 주라 부르며 순종했다〉(벧전 3:6)라고 평하며 그녀가 남편에게 순종한 일에 주목하셨습니다. 욥도 참지 못하고 자기의 생일을 저주하기까지 했지만, 그래도 주님은 그것보다 그의 선행에 주목하시며 〈너희가 욥의 인내에 대해서 들었다〉(약 5:11)라고 하셨습니다. 알렉산더의 초상화를 그렸던 화가는 그의 상처가 드러나지 않도록 손가락으로 상처 부위를 가리고 그렸습니다. 하나님도 은혜의 손가락으

로 우리의 상처를 가려주시고, 우리의 허물에서 눈을 돌려 믿음에 주목하십니다!

3) 하나님께서 경건한 자와 악한 자를 다루는 방식이 다른 것을 알 수 있습니다. 경건한 자가 하나님의 이름을 부르면 주님은 귀를 기울이시지만, 악한 자가 하는 종교적인 행위에는 귀를 막으십니다. 주님은 가인과 그의 제사를 받지 않으셨습니다.(창 4:5) 어떤 사람이 아무리 향기로운 향수를 뿌렸다고 해도 그가 전염병에 걸렸다면 아무도 가까이 가지 않을 것입니다. 마찬가지로 죄인이 하나님께 아무리 미사여구를 사용해 기도한다고 해도 그의 마음이 질병에 걸렸기 때문에 하나님은 그의 기도를 받지 않으실 것입니다! 하나님께서 기도를 받지 않으신다는 것은 안타깝게도 그를 천국에 들이지 않겠다는 뜻입니다.

4) 경건한 자는 하나님께서 귀를 기울이시는 특권을 지녔다는 것을 알 수 있습니다. 주님은 그들의 이야기를 귀 기울여 듣습니다. 주님의 귀는 그들의 부르짖음에 항상 열려 있습니다.(시 34:15) 이 땅에서 왕의 관심을 받는 것도 매우 큰 복인데, 하물며 하나님의 관심을 받는 것은 얼마나 놀라운 일입니까! 믿는 자에게는 하나님의 영이 거하시기 때문에 하나님은 그분의 영이

전하는 이야기를 들으실 수밖에 없습니다.

5) 하나님을 예배하는 자리에 참석하는 것이 얼마나 기쁜 일인지 알 수 있습니다. 하나님은 그분의 백성이 예배하는 소리를 귀 기울여 들으십니다. 하나님께서 기쁘게 듣고 있다는 사실을 깨닫는다면 누구라도 주님께 겸손히 나아갈 수밖에 없을 것입니다. (잠 15:8)

반론1) 하지만 저는 그럴만한 자격이 없습니다.

답변) 하나님은 우리의 공로 때문이 아니라 그분의 약속과 은혜에 따라 호의를 베푸십니다.

반론2) 하지만 제가 아무리 오래 기도해도 응답이 없습니다.

답변) 비록 응답이 없을지라도 하나님은 여러분의 기도를 들으십니다. 주님의 얼굴을 드러내지 않으셔도 우리에게 귀를 기울이고 계십니다. 하나님은 대답하신다고 하신 것이 아니라 분명히 들으신다고 말씀하셨습니다. 하나님의 신부인 우리는 마땅히 기다려야 합니다. 믿음과 인내를 지닌 자는 하나님을 기다립니다.

> **종의 눈이 주인의 손을 기다리듯이 우리의 눈이 여호와 우리 하나님께서 긍휼을 베푸시길 기다립니다.** (시 123:2)

6) 하나님과 인간의 차이를 알 수 있습니다. 악한 자들은 경건한 자의 선행을 무시하며 그들의 허물을 지적하지만, 하나님은 그분의 백성이 하는 선행을 주의 깊게 보십니다. 악한 자들이 경건한 자의 잘못을 발견하면 엘리사의 기적은 보지 않고 그를 대머리라고 놀렸던 아이들처럼 그것을 물고 늘어지며 괴롭힙니다. (왕하 2:23)

7) 〈여호와께서 분명히 들으셨다〉는 말씀을 통해 우리는 우상숭배자의 어리석음을 알 수 있습니다. 그들은 듣지도 귀 기울이지도 못하는 신을 섬깁니다! 크레타 사람들은 귀가 없는 제우스의 초상화를 그렸습니다. 우상은 귀가 없으며 듣지도 못합니다. (시 115:6) 생명이 없는 신에게 경배하는 것은 생명이 없는 예배일 뿐입니다.

적용2) 권면

1) 하나님의 백성은 다음 두 가지에 주목해야 합니다.

첫째, 지극히 높은 곳에서 천사들의 찬양을 받으시는 하나님께서 우리가 하는 이야기를 듣기 위해 귀를 기울이시는 겸허한 모습에 주목해야 합니다. 주님은 귀를 기울여 들으셨습니다! 아, 하나님은 굳이 우리의 섬김을 받으실 필요도 없고 스스로 무한한 신성을 발산하시는 분이십니다. 우리는 아무리 노력해도 주님께서 본래 지니신 영광에 조금도 보탬이 될 수 없습니다.

> 당신이 의로운들 하나님께 무엇을 드릴 수 있으며, 하나님께서 당신 손에서 무엇을 취하시겠습니까? (욥 35:7)

하지만 하나님은 자신을 겸허히 낮추어 그분의 백성이 드리는 부족한 제사를 받아주십니다.

둘째, 부패로 얼룩진 백성의 일에 관심을 기울이시는 하나님의 사랑에 주목해야 합니다. 우리의 의는 더러운 넝마와 같습니다. (사 64:6) 우리는 가장 고귀한 제사인 감사제에도 누룩을 넣은 빵을 드렸습니다. (레 7:13) 우리가 아무리 최선을 다해 하나님을 섬기더라도 우리의 행위에는 누룩이 섞일 수밖에 없지만, 하나님은 사랑으로 그것을 받아주시며 우리의 벌집과 꿀을 함께 드십니다. (아 5:1) 꿀은 달지만 벌집은 쓰고 먹기 힘듭니다. 하지만 그리스도의 사랑은 신부가 준 꿀과 꿀송이를 함께 먹게 하였으며, 이처럼 우리의 불완전한 섬김도 하나님은 기쁘게 받아주십니다! 아, 하나님의 사랑은 죄로 물든 우리의 제사까지 받아주실 정도로 큽니다. 낡은 술통에 담긴 포도주가 달콤한 것처럼 주님은 부족한 우리의 제사를 기쁘게 받아주십니다.

2) 하나님께서 우리의 이야기에 귀를 기울이시는 것처럼 우리도 하나님의 말씀에 귀를 기울여야 합니다. 오늘날 하나님은 말씀을 통해 하늘에서 이야기하십니다.(히 12:25) 하나님께서 우리의 말을 귀담아들으시는데, 우리가 주님의 말을 귀담아듣지 않아서야 되겠습니까? 귀를 막은 귀머거리 독사가 되어서는 안 됩니다.(시 58:4) 하나님은 〈말하고 또 말하여도 사람이 그것을 알지 못한다〉(욥 33:14)라고 한탄하십니다. 우리가 하나님의 말씀에 귀 기울이지 않으면 하나님도 우리의 기도를 듣지 않으실 것입니다.

2. 기념 책에 기록하심

경건함이 성도에게 주는 두 번째 유익은 하나님께서 그것을 기념 책에 기록하신다는 것입니다. 여기서 기념 책이란 단어에는 〈기념비〉란 의미도 담겨 있습니다. 따라서 이것은 바로 앞서 나왔던 〈하나님께서 귀 기울여 들으신다〉라는 것을 다시 한번 반복하며, 하나님께서 자녀들의 경건한 말과 생각을 그저 듣기만 하고 흘려버리지 않으신다는 확신을 줍니다. 주님은 단지 귀 기울여 들으실 뿐 아니라 〈주님 앞에 있는 기념 책에 기록하신다〉라고도 하셨습니다.

물론 하나님께 실제로 그런 책이 있는 것이 아니라 인간적인 방식으로 비유해서 표현한 것입니다. 하나님은 무언가를 기억하기 위해서 적어놓으실 필요가 전혀 없습니다. 하나님은 결코 잊어버리지 않습니다. 수천 년 전의 일이라도 바로 어제 일처럼 기억하십니다.

주님이 보시기에 지나간 천 년이 바로 어제와 같습니다. (시 90:4)

기념 책은 본래 왕들이 기념할만한 역대기를 기록하는 것에서 비롯된 표현입니다. 아하수에로 왕도 이런 책을 기록했으며, 그곳에 모르드개의 업적을 기록했습니다. (에 6:1~2) 이처럼 하나님도 자녀들의 경건한 말과 행실을 마음에 담아두십니다. 따라서 그들에 대한 하나님의 평가는 영원히 잊히지 않습니다.

하나님은 우리의 모든 선한 계획과 경건한 노력을 영원히 기억하십니다.

하나님은 불의하지 않으시며, 너희가 주님의 백성을 도우면서

행한 일과 그분에 대한 너희의 사랑을 잊지 않으실 것이다. (히 6:10)

하나님께서 기념 책에 기록하시는 내용은 여덟 가지 있습니다.

1) 하나님은 성도들의 〈이름〉을 기록하십니다. 성경은 그들의 이름이 생명 책에 기록되었다고 합니다. (빌 4:3) 이 책에는 잘못 적힌 이름이 없으며 주님은 그들의 이름을 생명 책에서 결코 지우지 않겠다고 하셨습니다. (계 3:5)

2) 하나님은 성도들의 〈경건한 대화〉를 기록하십니다. 그리스도인이 함께 천국의 신비에 관해 이야기하는 것을 하나님은 아름다운 음악 소리처럼 매우 기뻐하십니다. 그들의 입이 땅에서 이야기하면, 하나님의 펜은 하늘에서 기록합니다.

3) 하나님은 성도들의 〈눈물〉을 기록하십니다. 땅으로 흘러내린 성도의 눈물은 하늘에 도달합니다. 하나님은 성도의 눈물을 병에 담아두시고 그들의 슬픔을 책에 기록하십니다.

> 주님은 저의 모든 슬픔을 기록하시며, 저의 모든 눈물을 주님의 병에 모으셨습니다. 주님은 이 모든 것을 주님의 책에 기록하셨습니다. (시 56:8)

성도가 흘린 눈물은 장미에서 흘러내린 물처럼 하나님께서 귀하게 보시며 그것을 병에 담아두십니다. 게다가 주님은 그것을 기념 책에 적어 놓으십니다. 하나님은 우리가 시대의 죄악을 안타까워하며 흘리는 눈물을 특별히 기록하십니다. 에스겔서에 나오는 〈베옷을 입고 허리에 서기관의 먹 그릇을 찬 사람〉(겔 9:2)은 애통해 하는 자의 눈물을 기록하며 예루살렘 성읍에서 행해지는 모든 역겨운 일로 탄식하고 신음하는 자의 이마에 표시했습니다. (겔 9:4)

4) 하나님은 성도들의 〈생각〉을 기록하십니다. 우리는 사람들의 말은 기록할 수 있어도 생각마저 기록할 수는 없습니다. 심지어 천사조차 인간의 생각을 기록하기란 어렵습니다! 하지만 하나님은 우리 마음에서 나오는 모든 거룩한 생각을 기록하십니다. 따라서 본문 말씀처럼 주님의 이름을 묵상하는 사람의 생각은 모두 기념 책에 기록됩니다. 주님은 우리가 슬퍼하는 소리를 들으시며(시 6:8), 우리가 생각하는 것을 아십니다. (사 66:18)

5) 하나님은 성도들의 〈소원〉을 기록하십니다. 주님은 우리의 모든 소원을 아시며(시 38:9), 그분의 책에 기록하십니다. 소원이란 영적인 갈급함이며 하나님을 간절히 원하는 것입니다. (시

84:2) 지금 삶에서는 우리가 하나님을 기뻐하기보다 오히려 갈망하고 있다고 할 수 있습니다. 여러분의 영혼은 천국을 향하고 있습니까? 여러분의 마음은 그리스도를 향해 있습니까? 어떤 것보다 그리스도를 갈망하고 있습니까? 우리의 모든 소원을 하나님께서 기록하고 계십니다! 주님, 저의 모든 소원이 주님 앞에 있게 하여주소서!

6) 하나님은 성도들의 〈기도〉를 기록하십니다. (욘 2:7) 기도는 말로 하지 않고 생각으로 한 것조차 모두 기록됩니다. 한나는 마음속으로 기도했습니다. (삼상 1:13) 하지만 하나님은 그 기도를 들으시고 응답하셨습니다. 하나님은 한나의 기도를 본인보다 더 잘 아셨으며, 한나가 아들을 달라고 기도하자 그녀를 통해 선지자가 태어나게 하셨습니다! 마음이 괴로움으로 가득 찬 시기에는 오직 탄식하는 기도만 나올 때도 있습니다. 하지만 때로는 탄식이 가장 훌륭한 기도이기도 하며, 하나님은 그것을 기록하십니다. 다윗은 〈저의 탄식이 주님께 감춰지지 않습니다〉(시 38:9)라고 했습니다. 비록 우리가 우아한 말로 기도하지 못하고 더듬거려도 하나님은 그것을 기념 책에 기록하십니다. 히스기야는 〈제가 제비 같이 지저귀고 비둘기같이 슬피 웁니다. 제가 어려움에 처했으니, 주님 저를 도와주소서!〉(사 38:14)

라고 기도했으며, 주님은 〈내가 네 기도를 듣고 네 눈물을 보았다〉(사 38:5)라고 응답하셨습니다.

7) 하나님은 성도들의 〈행실〉을 기록하십니다. 자선은 하나님의 사랑에서 나온 것이어야 합니다. 마리아가 사랑으로 말미암아 향유를 그리스도께 부은 것처럼, 우리도 사랑하는 마음으로 그리스도의 몸인 형제에게 자선의 향유를 부어야 합니다. 이런 자선은 하나님께서 기뻐하시는 제사이며 없어지지 않습니다. (히 13:16) 이런 행실은 〈하나님 앞에 드려져 기억됩니다.〉(행 10:4)

8) 하나님은 성도들의 〈고통〉을 기록하십니다. 성도는 이 세상에서 고통을 당합니다. 하지만 이 고통을 견디도록 도와주는 것이 두 가지 있습니다.

첫째, 하나님은 성도들의 고통스러운 신음을 마음에 담아두십니다. 주님은 〈내가 이스라엘 자손의 신음을 들었다〉(출 6:5)라고 하셨습니다. 현악기의 줄 하나를 통기면 악기 전체가 울리듯이, 성도가 고통에 시달리면 하나님의 마음도 울립니다.

둘째, 하나님은 성도들의 상처를 기념 책에 기록하십니다. 악한 자는 의인의 등 뒤에서 상처를 입히고 괴롭힙니다. 그럴 때 하나님은 〈내가 아말렉이 이스라엘에게 행한 일을 기억한다〉(삼상 15:2)라고 하시며 그들의 악행을 기록하십니다. 아말렉은 에서의 후손이며(창 36:12) 이스라엘의 원수였습니다. 아말렉 족속은 이스라엘 민족을 두 차례 괴롭혔습니다. 그들은 이스라엘이 애굽에서 나와 지치고 피곤할 때 뒤처진 자들을 공격했습니다.(신 25:17~18) 또, 그들은 노골적으로 이스라엘 백성이 가나안으로 들어가지 못하도록 방해했습니다.(출 17:8) 하나님은 이렇게 아말렉에게 고통받던 이스라엘을 기억하셨습니다.

> 이것이 만군의 여호와께서 말씀하신 것입니다. 〈이스라엘이 애굽에서 나와 올라오는 도중에 아말렉이 그들에게 행한 일에 대해 내가 벌할 것이다. 이제 너는 가서 아말렉을 치고 그들에게 속한 모든 것을 멸하라. 그들을 남기지 말고, 남자, 여자, 아이, 젖먹이, 소와 양, 낙타와 당나귀를 모두 죽여라.〉(삼상 15:2~3)

적용1) 알 수 있는 점

1) 이것은 하나님을 섬기는 일이 헛되지 않다는 것을 보여줍니다. 하나님을 알지 못하는 악인은 하나님을 가혹한 주인처럼 생각하며 〈하나님께 기도하는 것이 무슨 소용이 있나?〉(욥 21:15)라고 합니다. 하지만 오늘 본문은 하나님께서 성도들의 모든

섬김을 기념 책에 기록하신다고 합니다. 이런 기록은 두 가지 의미가 있습니다.

첫째, 이것은 성도에게 명예로운 일입니다. 로마에서는 원로원 구성원의 이름을 기록하여 그들을 시민의 〈선택된 아버지〉라고 불렀습니다. 하나님의 기념 책에 이름과 행실이 기록되는 것도 이처럼 매우 영광스러운 일입니다.

둘째, 이것은 하나님께 특별한 은총을 받았다는 증거입니다. 하나님께서 성도의 이름과 행실을 기록하신 것은 그에게 면류관을 씌워주시기 위해서입니다. 탬벌레인은 자기 군사의 업적을 모두 기록해놓고 후에 그들을 높은 자리에 앉혔습니다. 하나님을 섬기는 일은 매우 고귀한 일입니다. 여호수아는 〈나와 내 집은 여호와를 섬길 것이다〉(수 24:15)라고 했습니다.

하나님을 섬기지 못하게 된다면 우리는 어디로 가야 할까요? 그리스도께서 제자들에게 〈너희도 가려느냐?〉라고 물으셨을 때, 베드로는 〈주님, 우리가 누구에게 가겠습니까?〉(요 6:68)라고 했습니다. 이 말은 〈저희가 주님을 떠나면 달리 갈 곳이 없습니다〉라는 의미입니다. 하나님 곁을 떠나지 마십시오. 하나님은 우리의 충성심도 기록하십니다. 주님을 위해 고난받을 수는 있지만, 주님께 고난받아서는 안됩니다.

2) 하나님은 성도들의 선행뿐 아니라 악인들의 죄악도 기록하십니다.

> 이제 가서 그들에 대해 서판에 새기고 두루마리에 기록하여 후대에 영원히 증거로 삼아라. 이들은 반역하는 백성이며 거짓말 하는 자손이고 여호와의 율법을 들으려 하지 않는 자녀이다. (사 30:8~9)

인간의 죄는 그들의 양심과 전지하신 하나님의 책에 기록됩니다. 그들은 하나님께서 큰소리로 심판의 말을 하지 않아서 아마도 그들의 죄를 모르실 것으로 생각합니다. 하지만 하나님은 비록 말씀하시진 않지만 그들의 죄를 모두 기록하고 계십니다.

> 유다의 죄는 철필로 기록되었고, 금강석 촉으로 새겨졌다. (렘 17:1)

하나님은 압제와 뇌물과 부도덕한 행위를 모두 기록하십니다.

> 그들은 내가 그들의 모든 악을 기억한다는 것을 생각하지 않는다. 이제 그들은 자기 죄로 둘러싸여 바로 내 얼굴 앞에 있다. (호 7:2)

벨사살 왕은 잔치를 열고 포도주를 마시며 금과 은으로 만든 신을 찬양했으며, 그가 그렇게 죄를 짓고 있는 동안 하나님은 모든 것을 기록하고 계셨습니다!

> **바로 그때, 그들은 사람의 손가락이 나타나 왕궁 벽에 글자를 쓰는 것을 보았다. 왕이 글자를 쓰는 손을 보고 공포로 안색이 창백해졌다. 그가 두려움에 사로잡혀 무릎이 서로 부딪치고 다리가 풀렸다.** (단 5:5~6)

심판의 날에 하나님의 책이 펼쳐질 것입니다. (계 20:12) 우리 허물은 주머니에 봉해져 있습니다. (욥 14:17) 이것은 마치 법정에서 범죄자에게 형을 선고하는 판결문이 주머니에 봉인되어 있는 것을 연상시킵니다. 하나님께서 악인들의 이름과 악행이 기록된 책을 펼치실 때, 그들의 마음은 두려워 떨며 공포에 질려 무릎을 서로 부딪치게 될 것입니다. 하나님은 악인이 행했던 모든 거짓말, 맹세, 술주정을 모두 기록하십니다. 그러므로 하나님의 책에서 그리스도의 보혈로 죄목이 지워지지 않은 자에게는 화가 있을 것입니다.

3) 성도들의 선행은 기록을 남겨두시고 죄악은 기념 책에서 지워주시는 하나님의 자비를 알 수 있습니다.

나, 바로 내가 네 죄악을 지워 없애는 자이니. (사 43:25)

이것은 빚쟁이가 장부에서 빚 내역을 지워 없애는 모습을 비유한 것이며, 이처럼 하나님도 여러분의 죄를 지워 없애주십니다. 하나님께서 죄를 용서해주시는 것은 곧 죄를 더 이상 기억하지 않겠다는 뜻입니다. (렘 31:34) 하나님은 성도들이 예전에 지은 죄를 들추어내서 꾸짖지 않으십니다. 그리스도께서도 베드로가 회개한 이후에 더 이상 그가 주님을 부인했던 일을 언급하지 않으셨습니다. 하나님께서 우리에게 베푸시는 은혜는 이렇게 큽니다! 하나님은 우리와 관련된 모든 것을 기억하시지만, 우리의 죄는 기억하시지 않습니다! 우리의 경건한 생각과 말을 기념 책에 기록하시지만, 죄에 대한 기억은 마치 처음부터 전혀 없었던 것처럼 망각의 나라로 보내십니다!

적용2) 권면

하나님께서 우리의 섬김을 기록하신다면, 우리도 하나님의 은혜를 기록해야만 할 것입니다. 여러분만의 기념 책을 만드십시오. 그리스도인은 두 권의 노트를 항상 곁에 두고, 하나는 겸손해지도록 자신의 죄를 기록하고 다른 하나는 감사하도록 하나님의 은혜를 기록해야 합니다. 다윗도 자기만의 기념 책이 있었습니다.

> **다윗이 레위인 중 일부를 정해 여호와의 궤 앞에서 섬기며 감사와 찬송을 드리게 하였다.** (대상 16:4)

우리도 하나님의 은혜를 기록할 책을 마련해야 합니다. 물론 그것을 모두 적으려면 매우 큰 책이 필요하지만 말입니다! 그래서 곤란한 상황에 처했을 때 하나님께서 도와주셨던 일, 슬픔에 빠졌을 때 기쁨을 주셨던 일, 죽을 위기에 처했을 때 기적처럼 회복시켜주셨던 일 등을 모두 기록해야 합니다. 하나님도 우리가 하는 일을 신경 쓰시는데, 우리도 하나님께서 행하시는 일을 신경 쓰는 것이 마땅하지 않습니까! 하나님의 은혜는 보석과 같아서 잊어버리기에는 너무도 소중합니다! 그러니 여러분만의 기념 책을 마련하십시오.

적용3) 위로

1) 친구들은 우리를 잊을지라도 하나님은 잊지 않으십니다. 요셉은 바로의 술잔 관리인에게 자비를 구했지만, 그는 요셉을 잊었습니다. (창 40:23) 인간은 상처받은 일은 잊지 않으면서도 신세 진 사실은 쉽게 잊어버립니다. 하지만 하나님은 잊지 않으

시며 기념 책에 모두 적어두십니다. 아무리 가깝게 지내는 사이라도 때로는 잊어버리곤 합니다. 자상한 어머니도 때로는 자식을 잊을 수 있습니다.

> 여인이 자기 젖을 물린 자식을 잊을 수 있겠느냐? 자기 태에서 난 아들을 가엽게 여기지 않겠느냐? 혹시 그들은 잊더라도, 나는 너를 잊지 않을 것이다. (사 49:15)

어머니는 자식을 잊을 수 있어도 하나님은 결코 우리를 잊지 않으십니다. 우리의 대제사장이신 그리스도는 성도들의 이름을 그분의 가슴에 새기고 성도들의 모든 행실을 기념 책에 기록하십니다. 이것을 항상 마음에 간직하며 위로를 얻으십시오. 친구들은 우리를 머릿속에서 지워버릴지도 모르나 하나님은 우리를 그분의 책에서 결코 지우시지 않습니다!

2) 주님께서 성도들의 행실을 기념 책에 기록하시는 이유는 마지막 날에 모든 사람 앞에서 그들의 선행을 공표하시기 위해서입니다. 하나님은 기념 책을 펼쳐 이렇게 말씀하실 것입니다.

> 그때에 왕이 오른편에 있는 자들에게 말할 것이다. 〈오라, 내 아버지께 복을 받은 자들아. 창세부터 너희를 위해 준비된 나

라를 상속하라. 이는 내가 굶주렸을 때 너희가 먹을 것을 주었고, 목말랐을 때 마실 것을 주었으며, 나그네 되었을 때 영접하였고, 헐벗었을 때 옷을 입혀 주었으며, 병들었을 때 돌보아주고, 감옥에 갇혔을 때 면회를 왔기 때문이다. (마 25:34~36)

하나님은 성도들의 경건한 행실을 모든 사람과 천사에게 알리시며 이렇게 말씀하실 것입니다!

여기 죄 때문에 슬퍼하며 기도했던 자들이 있다. 여기 내 진리를 수호했던 자들이 있다. 여기 내 이름을 위해 애통했던 자들이 있다. 이들은 내가 기뻐하고 귀하게 여기는 헵시바다.

성도로서 하나님께 이런 칭찬을 받는 것은 참으로 영광스러운 일입니다. 알렉산더는 아킬레스의 무덤을 보며 〈아킬레스, 그대는 호메로스의 칭찬을 받았으니 참으로 행복한 자다!〉라고 외쳤습니다. 하나님께서 직접 모든 성도의 이름과 행실을 칭찬한다니 얼마나 영예로운 일입니까!

하나님을 두려워하는 자의 축복

1. 만군의 여호와

하나님께서 주시는 상급에는 세 가지가 있습니다.

1) 하나님께서 그들을 소유하십니다. 〈그들은 나의 소유가 될 것이다.〉

2) 하나님께서 그들을 명예롭게 하십니다. 〈내가 나의 보석들을 완성하는 그 날에〉

3) 하나님께서 그들을 아끼십니다. 〈사람이 자기를 섬기는 아들을 감싸주는 것처럼 내가 그들을 감싸줄 것이다.〉

우선 〈만군의 여호와〉라는 호칭에 주목할 필요가 있습니다. 하나님은 성경에서 〈만군의 여호와〉라는 호칭으로 자주 불리는데(시 46:11, 사 1:24) 이것은 모든 군대를 지휘하시고 원하는 대로 승리를 좌우하시는 최고 사령관이란 의미입니다.

질문) 어째서 하나님께 〈만군의 여호와〉라는 이름이 주어졌을까요?

답변) 하나님은 자신을 보호하거나 적을 억누르기 위해 군대가 필요하지는 않습니다. 세상의 군주는 자기를 보호하려고 군대를 두지만, 하나님은 그럴 필요가 전혀 없으며 군대가 없어도 싸우실 수 있습니다. 하나님은 모든 군대에 힘을 주시는 분입니다. 세상의 장군은 군사들에게 무장을 갖춰줄 수는 있어도 그들에게 힘을 주지는 못합니다. 하지만 하나님은 그러실 수 있으며 우리에게 싸울 힘을 주십니다.(시 18:39) 그렇다면 어째서 하나님을 만군의 여호와라고 부르는 걸까요?

첫째, 하나님께서 모든 권능과 위엄을 주관하시고 모든 군대를 총괄하시기 때문입니다.

둘째, 이것은 하나님께서 비록 직접 모든 것을 움직이실 수도 있지만, 그렇게 하시기보다 피조물을 통해 그분의 뜻과 목적을 이루어가신다는 사실을 보여줍니다.

질문) 하나님께서 통솔하시는 이 군대는 어떤 것일까요?

답변1) 하나님께서는 천사와 대천사로 이루어진 하늘의 군대가 있습니다. 하나님은 하늘의 군대에 둘러싸인 보좌에 앉아계십니다. (왕상 22:19) 하늘의 군대란 바로 천사들을 가리킵니다. 그들은 영적인 존재이며 매우 강력한 군대입니다. 천사 한 명이 하룻밤 사이에 〈십팔만 오천 명〉을 죽였습니다. (왕하 19:35) 천사 한 명이 수많은 군대를 몰살시킬 정도라면 천사들의 군단은 얼마나 강력하겠습니까? 군단 하나는 육천 명 이상의 병사로 구성되며 천국의 군대는 수많은 군단으로 이루어져 있습니다. (단 7:10) 별들 역시 하나님의 군대입니다. (신 4:19) 별들도 하나님의 적에 맞서 싸웠습니다. (삿 5:20)

답변2) 하나님께서는 하늘의 군대뿐 아니라 지상의 군대도 있습니다. 이 땅에 있는 인간의 군대는 하나님의 지휘 아래 있습니다. 하나님의 허락이 없다면 어떠한 군대도 움직이지 않습니다. 주님은 모든 전쟁을 주관하십니다. 하나님께서 명령하시지 않았다면 어떠한 공격도 일어나지 않으며 총알 하나 날아가지 않습니다. 또한, 하나님은 파리 떼로 바로를 치고 벌레로 헤롯을 친 것처럼 이성이 없는 생물의 군대도 지휘하십니다. 이처럼 수많은 군대가 하나님의 명령에 복종합니다.

적용1) 권면

1) 우리는 만군의 여호와를 두려워해야 합니다. 사람들은 아무런 능력도 없는 인간을 두려워하면서도 모든 것을 뜻대로 통치하시는 하나님은 전혀 두려워하거나 존경하지 않습니다. 하나님께서 보시기에 이 땅의 모든 민족은 아무것도 아닙니다. 하나님은 하늘의 권능과 땅의 민족들을 모두 원하시는 대로 주관하십니다. 아무도 주님이 하시는 일을 방해하거나 토를 달 수 없습니다. (단 4:35)

하나님께는 무엇이든 뜻대로 이루실 능력이 있습니다. (욥 23:13) 하나님은 모든 것을 주관하십니다. 이 땅의 군주들을 멸시하십니다. (욥 12:21) 교만한 천사들을 지옥에 내던지십니다. 하나님은 한마디 말씀으로 세상의 축을 뒤흔드실 수 있습니다. 하나님의 능력은 영광스럽습니다. (골 1:11) 인간은 힘을 쓰면 지치지만, 하나님의 능력은 결코 바닥나지 않습니다.

> 너는 듣지 못하고 알지 못하느냐? 여호와께서 영원한 하나님이며 온 땅의 창조자란 사실을 알지 못하느냐? 하나님은 결코 피곤하거나 지치지 않으신다. (사 40:28)

> 내가 그들에게 재앙을 쌓고 화살을 쏠 것이다. (신 32:23)

하나님은 적에게 아무리 화살을 많이 쏘아도 힘이 바닥나지 않습니다. 그러니 만군의 여호와를 두려워하십시오. 마음이 굳은 죄인이여, 하나님께서 얼마나 더 벌을 내리셔야 하겠습니까! 하나님은 여러분에게 질병의 군대를 보내 치실 수도 있습니다. 하나님은 모든 피조물로 하여금 여러분을 대적하게 하실 수도 있습니다. 또는 양심의 가책을 통해 징벌하실 수도 있습니다. 그러니 만군의 여호와를 두려워하십시오.

2) 만군의 여호와를 대적하지 않도록 주의하십시오. 폼페이우스는 한 번의 지시로 로마 전체를 무장시킬 수 있다고 말했습니다. 하지만 하나님은 말 한마디로 하늘과 땅의 모든 군대를 일으키실 수 있습니다. 그러니 우리는 감히 하나님을 대적하지 않도록 주의해야 합니다! 누가 하나님을 거역하고도 온전할 수 있겠습니까? (욥 9:4) 하나님의 계명을 노골적으로 어기고 대적하는 일은 하늘의 군대에 전쟁을 거는 행위나 마찬가지입니

다. 이것은 자기 손을 뻗어 하나님을 대적하고 거만하게 전능하신 분께 대항하는 것입니다.(욥 15:25) 적과 싸우기 위해 있는 힘을 모두 쥐어짜는 전사처럼, 죄인도 온 힘을 다해 여호와를 대적하며 목을 굳게 하고 두꺼운 방패를 들고 하나님께 돌진합니다.(욥 15:26) 고대의 방패는 중앙에 날카로운 칼날이 박혀 있어서 적을 공격하는 데 사용되었습니다. 사악한 죄인은 하늘의 하나님을 향해 두꺼운 방패를 내밀며 돌격합니다. 하지만 하나님을 대적하고 온전할 수 있는 자가 누가 있겠습니까! 하나님과 같은 전능한 팔을 지닌 인간이 어디 있습니까?(욥 40:9)

하나님은 전능하시기에 적들을 무찌를 수 있지만, 적들은 하나님을 볼 수 없기에 해를 가할 수 없습니다. 누가 눈에 보이지 않는 영과 싸울 수 있겠습니까? 따라서 하나님은 적들에게 매우 힘겨운 상대가 될 것입니다. 하나님은 적들의 머리를 부수며, 죄악의 길로 행하는 자의 두개골을 쪼개실 것입니다!(시 68:21)

반역자를 벌하는 것은 하나님께 매우 쉬운 일입니다. 주님은 불기둥과 구름 기둥에서 애굽의 군대를 내려다보시고 그들을 혼란에 빠뜨리셨습니다.(출 14:24) 하나님은 한번 흘깃 보기만 하는 것으로도 적들을 충분히 제압하실 수 있습니다. 그러니 무기를 들고 하나님께 저항하는 것보다 하나님의 발 앞에 엎드려 눈물로 회개하는 편이 훨씬 낫습니다.

3) 만군의 여호와를 우리 편으로 삼는 것이 지혜로운 일입니다. 만군의 여호와께서 우리와 함께하십니다! (시 46:11) 하나님께서 우리 편이 되시는 것은 얼마나 큰 특권인지 모릅니다!

첫째, 하나님은 적들의 교묘한 술책을 간파하십니다. 하나님은 아히도벨의 계략을 간파하셨습니다. (삼하 17:14) 또한 주님은 참된 신앙을 뒤엎어 영국을 피의 밭으로 만들려는 가톨릭의 음모도 간파하셨습니다.

둘째, 하나님은 적들에게 굴레를 씌워 그들이 해를 끼치지 못하도록 하실 수 있습니다. 라반은 도망가는 야곱을 추격하였을 때 〈너를 해할 수 있는 능력이 내 손에 있으나 네 조상의 하나님께서「너는 야곱에게 선악을 따지지 마라」라고 말씀하셨다〉(창 31:29)라고 했습니다. 라반은 야곱을 해할 능력이 있었지만 그럴 마음은 들지 않았습니다. 발락이 발람에게 이스라엘을 저주하도록 시켰을 때, 하나님은 발람이 저주를 퍼붓지 못하게 저지하셔서 〈제가 어찌 하나님께서 저주하시지 않은 이들을 저주하겠습니까?〉(민 23:8)라고 말하게 하셨습니다. 그는 저주할 마음은 있었지만 하나님께서 그를 막으신 것입니다.

셋째, 하나님께서 우리 편이 되시면 도저히 어찌할 수 없는 상황에서도 하나님의 도움을 받을 수 있습니다. 기드온의 군대는 적은 수의 오합지졸이었지만 하나님은 그들이 승리하게 하셨습니다.(삿 7:2) 우리 육신의 팔이 쇠약해졌을 때, 비로소 하나님의 전능하신 팔이 나설 차례입니다. 인간이 연약해질수록 하나님의 능력은 더욱 강하게 나타납니다.

넷째, 하나님께서 우리 편이 되시면 멸망에 처할 것 같을 때라도 구원을 기대할 수 있습니다. 요나가 큰 물고기에게 삼켜졌을 때 누구라도 그곳이 요나의 무덤이라고 생각했을 것입니다. 하지만 하나님은 물고기를 배처럼 사용하셔서 그를 안전하게 해안가로 데려가셨습니다. 바울은 파선한 배를 통해 육지에 도착했습니다.(행 27:44) 하나님은 적대 세력조차 그분의 뜻을 이루기 위해 사용하십니다. 하나님은 심지어 적들을 둘로 나뉘게 해 서로 싸우게 하실 수도 있습니다.(삿 7:22)

다섯째, 하나님께서 우리 편이면 교회가 받는 핍박도 부흥의 수단으로 사용됩니다. 그들은 학대를 받을수록 더욱 번성합니다.(출 1:12) 하나님의 교회는 잘라내면 더욱 무성하게 자라나는 수풀과 같습니다. 박해는 교회를 더욱 성장시킵니다. 예루살렘 교회가 박해를 받자 사도는 여기저기 흩어져 복음을 퍼뜨리는 씨앗이 되었습니다. (행 8:4)

여섯째, 하나님께서 우리 편이면 하나님께서 기쁘신 뜻대로 우리의 상황을 바꿔주십니다. 하나님은 때와 시절을 바꾸시는 분입니다. (단 2:21) 하나님은 길을 막고 있는 산을 없애거나 뛰어넘게 하실 수 있습니다. 하나님의 능력은 한계가 없으며, 부조화에서 조화를 이끌어내십니다. 이삭을 죽은 태에서 태어나게 하고 메시아를 처녀의 태에서 태어나게 하신 분인데 무엇이 불가능하겠습니까? 만군의 여호와께서는 상황을 한순간에 뒤바꾸실 수 있습니다. 하나님께 불가능한 일은 없습니다. 혹시라도 안 되는 일이 있다면 새롭게 창조하면 됩니다. 그러므로 만군의 하나님께서 우리 편이 된다는 것은 대단히 유익한 일입니다. 하나님께서 우리를 위하시면 누가 우리를 대적할 수 있겠습니까? (롬 8:31)

하나님을 우리 편으로 삼기 위해서는 우선 믿음의 눈으로 하나님을 바라보며 무릎 꿇고 열심히 기도해야 합니다. (렘 14:9) 여호수아처럼 〈주님의 크신 이름을 위해 무엇을 하시겠나이까?〉(요

7:9)라고 기도하십시오. 〈주님, 참 신앙이 이 땅에서 사라지면 주님의 이름이 어떻게 되겠습니까?〉라고 기도하십시오. 또, 불의를 모두 버려야 합니다.(욥 11:14) 죄를 품고 있으면 안 됩니다. 전염병을 품고 있을 사람이 어디 있겠습니까? 우리의 죄를 모두 버려야 합니다. 그러면 만군의 여호와께서 우리 편이 되시며 주님께서 약속하신 대로 우리에게 복을 내려주실 것입니다.

2. 하나님의 소유됨

이제 하나님께서 경건한 자에게 베푸시는 상급에 대해 알아보겠습니다. 먼저 하나님은 그들을 소유하십니다. 이것은 언약을 통해 우리가 하나님의 소유가 되는 것을 뜻합니다.(겔 16:8, 사 43:1) 하나님과 언약을 맺는 것은 결코 작은 축복이 아닙니다. 그래서 하나님께서 아브라함에게 언약을 맺겠다고 하셨을 때, 아브라함은 위대하신 하나님께서 그런 은총을 베푸시는 것에 놀라서 땅에 엎드렸습니다.(창 17:3) 하나님은 타락한 천사들과는 언약을 맺지 않으셨지만, 타락한 인간과는 그들이 믿음을 가졌을 때 〈그들은 내 소유가 될 것이다〉라고 언약을 맺으셨습니다. 이 언약은 값없이 은혜로 주신 것이며 아담과 처음 맺으신 언약과 비교하면 훨씬 좋은 것입니다. 일단 아담과 맺었던 행위 언약은 단 한 번의 실수로도 파기되었지만, 은혜 언약은 결코 파기되지 않습니다. 물론 우리가 죄를 지으면 하나님과 맺은 언약을 위반하는 것이지만, 그렇다고 그것이 완전히 취소되지는 않습니다. 이것은 혼인한 부부가 때로는 실수를 할 때도 있지만, 그렇다고 혼인 관계가 파기되지 않는 것과 같습니다. 또, 아담과 맺었던 행위 언약은 한 번 어기고 나면 더 이상 회복할 수 없고 모든 소망이 사라졌습니다. 하지만 새로운 은혜 언약은 회복할 방법이 마련되어 있습니다. 예수님께서 새 언약의 중재자가 되어주시기 때문입니다. (히 12:24)

적용1) 알 수 있는 점

우리와 새 언약을 맺어주시고 우리를 〈나의 소유〉라고 말씀하시는 하나님의 선하심이 어찌나 큰지 모릅니다! 주님은 우리와 영원한 언약을 맺으시고 모든 것을 갖추어주셨습니다! (삼하 23:5) 아담과 맺으신 첫 번째 언약은 행위를 기초로 한 깨어지기 쉬운 것이었습니다. 그래서 아담에게는 한 번 언약을 어긴 후에 더 이상 그것을 만회할만한 의가 남아있지 않았습니다. 하지만 은혜의 언약은 하나님의 맹세와 하나님의 보혈이란 두 개의 강력한 기둥에 의해 지탱됩니다. 이제 주님의 소유가 되는 것이 얼마나 큰 특권인지 구체적으로 알아보겠습니다.

1) 하나님의 소유가 되면 하나님께 속한 모든 것이 우리 소유가 됩니다! 빈곤한 여인이 왕과 결혼하면 왕국의 재산을 모두 함께 소유하게 됩니다. 이처럼 하나님께서 우리와 친밀한 관계가 되시며 〈너는 내 것이다〉라고 말씀하시면 우리는 하나님의 모든 것을 함께 소유하게 됩니다. 주님은 모든 믿는 자에게 〈나는 네 것이니, 나의 모든 것이 네 소유이다. 나의 지혜가 너를 가르치며, 나의 거룩함이 너를 성결케 하며, 나의 자비가 너를 구원할 것이다!〉라고 말씀하십니다. 하나님보다 더 많은 지참금을 안겨줄 자가 누가 있겠습니까! 하나님은 축복의 바다이십니다. 하나님께서 천사들을 충만하게 하신 만큼 우리도 충만하게 채워주실 것입니다!

2) 하나님의 소유가 되면 하나님은 우리를 소중히 돌보아주실 것입니다.

> 너희 모든 염려를 주님께 맡겨라. 이는 주께서 너희를 돌보시기 때문이다. (벧전 5:7)

하나님은 독수리가 날개로 새끼를 업는 것처럼 이스라엘 백성을 돌보셨습니다. (출 19:4) 독수리는 새끼를 지키려고 날개 위에 업어서 옮기기 때문에 사냥꾼이 화살을 쏘면 새끼 대신 어미가 맞습니다. 어머니는 아기가 걸음마를 배울 때 넘어지지 않도록 손을 잡아줍니다. 하나님도 〈이스라엘의 손을 잡아 걸음마를 가르쳐준 것이 바로 나다〉(호 11:3)라고 하십니다. 하나님은 가장 작은 곤충이나 땅을 기는 동물도 돌보시는데, 언약을 맺은 성도들은 얼마나 세심하게 보살피시겠습니까? 하나님은 지금도 우리의 유익을 위해 일하십니다. 우리가 잘못된 길로 들어섰을 때 인도해주시고, 돌부리에 걸렸을 때 부축해주시며, 넘어졌을 때 일으켜주시고, 둔감해졌을 때는 성령으로 소생시키시며, 잘못을 저지르면 사랑의 매를 드시고, 우울할 때 약속으로 위로해주십니다.

3) 하나님의 소유가 되면 우리를 전적으로 사랑해주십니다.

내가 너를 영원한 사랑으로 사랑하였다. (렘 31:3)

하나님은 때로는 인간에게 부를 허락하시면서 그를 사랑하지 않으실 때도 있습니다. 그런 부유함은 마치 이스라엘 백성에게 메추라기를 주셨을 때처럼 하나님의 진노로 버무려져 있습니다. 하지만 하나님께서 〈너는 나의 소유다〉라고 하신 자에게는 반드시 사랑을 베푸십니다. 누구라도 자신의 소유는 사랑하기 마련입니다. 하나님은 언약의 백성에게 가장 큰 사랑을 베푸시

며, 마치 그리스도를 사랑하시는 것처럼 그들을 사랑하십니다! (요 17:23)

4) 하나님의 소유가 되면 우리를 궁핍하게 하지 않으십니다. 믿는 자들은 하나님의 가족일 뿐 아니라 그리스도의 몸이기도 합니다. 그런데 머리가 몸을 굶주리게 내버려 두겠습니까? 주님은 우리를 배불리 먹이실 것입니다. 하나님은 우리에게 진수성찬을 약속하신 것은 아닙니다. 하나님은 우리의 정욕을 충족시켜주시는 것이 아니라 우리의 궁핍함을 채워주십니다. 혹시 우리가 세상의 편의를 제대로 누리지 못하는 상황에 처하게 되면, 그 대신 영적인 축복으로 채워주십니다. 주님은 우리가 먹는 양식과 물을 축복해주십니다. (출 23:25) 하나님은 기적을 일으켜서라도 자녀들이 굶주리지 않게 해주십니다. 까마귀는 본래 자기 새끼조차 먹이를 잘 주지 않는데, 하나님은 그런 까마귀를 시켜 엘리야 선지자를 먹이셨습니다.

5) 하나님의 소유가 되면 우리는 큰 자유를 얻습니다.

첫째, 하나님의 진노에서 자유를 얻습니다. 물론 여전히 〈아버지〉로서 노하시는 하나님에게서 자유롭지는 않지만, 〈재판관〉으로서 진노하시는 하나님에게서는 자유롭게 됩니다. 이제 하나님은 우리에게 정의 구현을 위한 징벌을 내리시지 않습니다. 그리스도께서 이미 하나님이 주신 진노의 잔을 십자가에서 모두 마셨기 때문에 믿는 자는 그것을 한 방울도 마시지 않아도 됩니다!

둘째, 우리는 죄의 지배에서 자유롭게 되었습니다. 죄는 더 이상 우리를 지배하지 않습니다. (롬 6:14) 물론 믿는 자도 여전히 그 속에 남아있는 죄와 싸워야 하지만, 이제 더 이상 죄에 무력하게 끌려다니지 않아도 됩니다. 다니엘서에 등장하는 짐승들이 지배력을 빼앗겼지만 그 생명은 일정 기간 연장된 것처럼 (단 7:12), 죄는 거듭난 자 안에 여전히 살아있긴 하지만 그것의 지배력은 사라졌습니다. 죄의 지배와 권세와 폭정에서 자유롭게 된 것은 결코 작은 축복이 아닙니다! 악인은 주인에게 끌려다니는 당나귀처럼 죄의 명령에 복종합니다. 함에게 내려진 저주처럼 그는 종들의 종이 되었습니다. (창 9:25) 그는 자기 정욕의 노예이며, 또한 사탄의 노예입니다! 그러므로 마귀의 멍에를 벗는 것은 매우 큰 축복이라 할 수 있습니다.

셋째, 양심의 가책에서 자유롭게 됩니다. 양심의 고통은 지옥과도 같습니다. 하지만 하나님의 소유가 된 자는 이 지옥의 불길 같은 아우성에서 자유롭게 됩니다. 그리스도의 보혈이 뿌려진 양심은 평안을 얻습니다! 선한 양심은 벌처럼 꿀을 선사하며, 만나를 담은 금 항아리와 같습니다. (히 9:4)

6) 우리는 영원히 하나님의 소유가 될 것입니다. 하나님은 영원토록 우리 하나님이십니다. (시 48:14) 지금은 건강하다고 해도 영원히 건강할 수는 없으며, 지금은 자녀가 있지만 그들이 영원히 곁에 있지는 않을 것입니다. 하지만 하나님은 한 번 우리의 하나님이 되시면 앞으로도 영원히 우리의 하나님으로 계실 것입니다! 은혜의 언약은 왕의 칙령이며 영원히 유지됩니다! 칭의는 결코 철회되지 않습니다. 하나님과 성도들 사이에 맺은 언약은 결코 파기되지 않습니다. 그러므로 은혜에서 떨어져 구원을 잃는다는 주장은 잘못되었습니다. 하나님께서 연합을 통해 자기 소유로 삼으신 자를 버리시겠습니까? 알미니우스의 주장처럼 구원이 정말로 인간의 의지에 달려있다면 구원을 잃어버리는 일도 가능할 것입니다. 하지만 은혜 안에 있는 그리스도인은 자신의 의지가 아니라 하나님의 영원한 언약을 근거로 구원의 확신을 가질 수 있습니다. (사 55:3) 한 번 그리스도께 속한 사람은 영원히 그리스도께 속한 자입니다. 하늘의 별은 떨어질 수 있어도 믿는 자는 하나님에게서 결코 떨어지지 않습니

다. 예수님께 속한 자는 한 명도 잃어버리지 않습니다. (요 17:12)

> 내가 그들에게 영생을 주며, 그들은 영원히 멸망하지 않을 것이다. 누구도 그들을 내 손에서 빼앗을 수 없다. (요 10:28)

7) 하나님의 소유가 된 자들은 죽음 이후에 하나님 곁으로 갑니다. 죽음을 통해 육신과 영혼의 연합은 깨어지지만, 오히려 우리 영혼과 하나님 사이의 연합은 더욱 완전해집니다. 하나님과 함께 영원히 거하는 것이야말로 천국에서 누릴 영광입니다. 하나님을 온전히 뵙고 하나님의 사랑에 영원히 안기는 것이야말로 축복받은 자가 누리게 될 기쁨입니다. 이것은 성도로 하여금 마치 혼인식을 기다리는 신부처럼 죽음을 소망하게 합니다. 바울은 〈내가 세상을 떠나 그리스도 곁에 있을 것을 소망하니, 이것이 훨씬 낫다〉(빌 1:23)라고 했습니다. 경건한 자는 〈주님, 이곳에서 거울에 비춰보듯 희미하게 보았던 영광으로 저를 이끌어주소서〉라고 기도합니다.

적용2) 위로

하나님의 소유가 된다는 약속은 성도에게 큰 위로를 줍니다. 성도들은 하나님과 언약으로 연합되었습니다. 하나님은 그들의 소유이며 그들은 하나님의 소유입니다! 주님은 〈그들이 나의 소유가 될 것이다〉라고 하십니다. 성도들은 이 사실을 통해 어떤 상황에서도 위로를 받습니다. 하나님은 소중한 보물을 대하듯 성도들을 바라보시며 〈너희는 내 것이다〉라고 하십니다.

1) 사탄이 고소하더라도 우리는 위로를 받습니다. 사탄은 성도들을 하나님께 고소하지만, 하나님은 〈이들은 나의 소유이다〉라고 대답하십니다. 그리스도께서 보혈로 우리의 모든 빚을 청산하셨습니다. 마르틴 부서는 〈나는 그리스도의 소유이며, 마귀는 내게 아무것도 할 수 없다〉라고 했습니다.

2) 우리는 가난한 처지에서도 위로를 받습니다. 믿는 자는 천국의 왕과 혼인하였으며 하나님께 속한 모든 것이 그들의 것입니다! 세상의 철학자는 즐거운 음악 소리나 포도나무가 없어도 자신이 믿는 신이 함께한다고 믿고 위로를 얻습니다. 우리도 비록 포도나무나 무화과나무가 없어도 하나님께서 우리 소유가 되시며 우리는 하나님의 소유라는 이유만으로 극빈한 환경 속에서도 기뻐할 수 있습니다. 경건한 자의 영혼을 가장 기쁘게 하는 것은 하나님께서 창세 전에 그를 〈너는 내 것이다〉라고 택하셨다는 사실입니다! 〈우리가 장차 어떻게 될 것인지

는 아직 드러나지 않았으므로〉(요일 3:2) 하나님께 택함 받은 자가 누구인지는 현재로썬 알 수 없습니다. 성도들은 마치 변장을 하고 백성들 가운데 섞여 있는 왕족과 같습니다. 하지만 하나님께서 그들의 이름을 부르며 〈너는 내 것이다! 내가 풍성한 은혜를 값없이 부어주며, 내 사랑의 품에 영원히 거하게 할 것이다〉라고 하실 때 그들의 마음은 기쁨으로 충만할 것입니다.

적용3) 권면

아직 하나님과 아무런 관계를 맺지 못한 사람은 하나님과 언약을 맺고 그분의 소유가 될 수 있도록 노력하십시오. 만일 하나님께서 여러분과 언약을 맺고 싶지 않았다면, 선지자와 사도를 통해 여러분을 부르지도 않으셨을 것입니다.

질문) 부족한 제가 하나님과 언약을 맺으려면 어찌해야 하나요?

답변1) 하나님과 언약을 맺고 싶다면 우선 죄와의 언약을 깨뜨려야 합니다. (삼상 7:3) 적을 섬기는 자를 동맹으로 받아줄 왕이 어디 있겠습니까?

답변2) 그런 다음 하나님께 믿음을 구하십시오. 〈나는 자비로우니, 내가 네게 영원히 노하지는 않을 것이다〉(렘 3:12)라고 말씀하신 하나님의 자비를 믿으십시오. 바다가 큰 바위들을 모래 알처럼 덮듯이, 하나님의 자비도 큰 죄악을 덮습니다. 므낫세는 비록 매우 큰 죄를 범했지만, 하나님은 그에게 자비를 베푸셨습니다. (대하 33:10~13) 심지어 그리스도를 못 박은 유대인 중 일부도 죄를 용서받았습니다! 또한, 그리스도의 공로를 믿으십시오. 그리스도의 보혈은 하나님께 드리는 속죄 제물일 뿐 아니라 하나님과 관계를 회복하고 하나님께서 우리를 보고 미소 짓게 하는 화목 제물이기도 합니다.

3. 성도들의 명예를 높이심

하나님은 두 번째 보상으로 성도들의 명예를 높여주십니다. 〈내가 나의 보석들을 완성하는 그 날에〉라는 표현에서 세 가지 사실을 발견할 수 있습니다. 첫째, 하나님은 성도들의 명예를 크게 높여주십니다. 둘째, 하나님의 백성은 그분의 보석입니다. 셋째, 하나님께서 보석들을 완성하실 날이 정해져 있습니다.

1) 하나님은 성도들의 명예를 크게 높여주십니다.

> 내가 보기에 너는 소중하며 명예롭다. (사 43:4)

명예는 거룩함이 뒤따릅니다. 하나님을 두려워하는 자들을 주께서 명예롭게 한다는 증거는 네 가지가 있습니다.

첫째, 하나님은 그들을 다른 사람보다 선호하십니다. 하나님은 그들은 선택하시고 다른 사람은 지나치셨습니다. 하나님은 〈에서가 야곱의 형이 아니더냐? 그러나 내가 야곱은 사랑하고 에서는 미워하였다〉(말 1:2~3)라고 하십니다.

둘째, 하나님은 그들을 사랑하셔서 자주 만나주십니다. 왕의 방문은 신하에게 매우 큰 영예입니다. 우리의 교제는 아버지와 교제하는 것이며, 또 그분의 아들 예수 그리스도와 교제하는 것입니다.(요일 1:3) 모세는 하나님과 백오십 차례 만났다고 전해집니다. 하나님과 친구처럼 지내는 것보다 더한 영예가 어디 있겠습니까!(출 33:11)

셋째, 하나님은 그들을 상속자로 삼으셨습니다. 우리는 그리스도와 공동 상속자입니다.(롬 8:17) 다른 사람의 상속자가 되는 것은 결코 작은 영예가 아닙니다. 믿는 자 중에서 가장 작은 자도 하나님의 상속자로서 면류관을 받습니다.(벧전 5:4) 이 면류관은 성령의 첫 열매를 지닌 자(롬 8:23)에게 주어지는 생명의 면류관입니다.(계 2:10)

넷째, 하나님은 천사를 보내 그들을 섬기게 하셨습니다. 천사들은 하나님을 섬기며, 또한 성도들을 섬깁니다.

천사들은 모두 구원을 상속받을 자를 섬기라고 보내진 영이지 않으냐? (히 1:14)

이처럼 하나님을 두려워하는 자에게는 큰 영예가 주어집니다. 크리소스톰은 〈모든 인간이 명예를 갈망한다〉라고 했습니다. 그런데 진정한 명예는 하나님께서 주시는 것입니다! (요 5:44) 이렇게 하나님께서 성도들의 명예를 높여주시는 만큼, 성도들도 하나님의 이름을 높여드려야 합니다. 하나님은 〈나의 명예는 어디 있느냐〉(말 1:6)라고 하십니다. 성도들은 하나님을 높이는 자가 되어야 하며, 하나님의 이름을 세상에 알리고, 하나님의 영광을 찬양해야 합니다. (시 66:2)

2) 하나님의 백성은 그분의 보석입니다. 보석은 귀한 것이며, 히브리어로 보석은 보물을 뜻합니다. 보물은 금, 다이아몬드, 루비 같은 값비싼 것으로 구성됩니다. 성도는 이처럼 하나님께 소중한 보물입니다.

질문) 성도는 어떤 의미에서 하나님의 보석인가요?

답변1) 성도는 하나님께서 보시기에 반짝이는 존재입니다. 그들의 거룩함은 하나님의 눈에 찬란하게 빛나며 반짝거립니다. 하나님은 〈네가 눈짓 한 번으로 내 마음을 빼앗았다〉(아 4:9)라고 하십니다.

답변2) 성도는 진귀하기 때문에 보석입니다. 다이아몬드는 흔하지 않습니다. 마찬가지로 성도도 매우 드물고 진귀합니다. 참된 성도는 거의 찾아보기 어렵습니다. 인조 다이아몬드가 넘쳐나듯이 거짓 신자는 매우 많지만 참된 이스라엘 백성은 거의 없습니다. 예수님은 〈택함 받은 자는 거의 없다〉(마 22:14)라고 하셨습니다. 로마 인구는 수백만이었지만 그중에서 원로원에 속한 자는 극히 소수였습니다. 이처럼 세상의 수많은 사람 중에서 참된 신자는 극히 소수입니다.

답변3) 성도는 그들의 값 때문에 보석입니다. 클레오파트라는 왕국의 절반을 살 수 있는 값의 보석을 두 개 가지고 있었습니다. 성도의 가치는 클레오파트라의 보석처럼 굉장히 비쌉니다. 하나님은 그들을 얻기 위해 매우 큰 대가를 치러야 했습니다. 하나님은 이 보석을 얻기 위해 그리스도의 보혈을 흘리게 하셨습니다!

답변4) 성도는 그들의 아름다움 때문에 보석입니다. 보석은 그것을 착용하는 사람을 아름답게 합니다. 성도는 세상을 아름답게 하는 보석입니다. 성도들의 경건함과 검소함은 복음을 명예롭게 합니다. 하지만 위선자는 참된 신앙을 헐뜯고 퇴색시킵니다. 성도들은 보석처럼 성스러운 빛을 발산합니다.

적용1) 알 수 있는 점

1) 이 구절을 통해 우리는 성도의 가치를 알 수 있습니다. 그들은 하나님의 보석이며 하나님 손에 들린 왕관입니다.(사 62:3) 왕관이 보물 중에서 가장 높은 위치에 있듯이 성도도 다른 사람들보다 탁월한 위치에 있습니다. 성도에게는 하나님의 영광이 깃들어 있기에 그들은 하나님의 영광입니다.(사 46:13)

2) 이 구절을 통해 우리는 거룩함이 우리를 얼마나 명예롭게 하는지 알 수 있습니다. 거룩함은 우리를 빛나게 하며 하나님께서 우리를 보석으로 여기게 합니다. 어떤 이들은 자기의 평판이 깎이거나 높은 사람의 총애를 잃을까 봐 경건한 삶을 꺼리기도 합니다. 하지만 경건함은 오히려 우리의 명예를 높여주며 하나님의 눈에 귀한 보석처럼 보이게 해줍니다! 믿는 자는 그리스도와 신비로운 연합으로 천사보다 귀하게 되었습니다. 천사들이

샛별이라면(욥 38:7), 믿는 자는 의의 태양을 입은 자입니다.

3) 이 구절을 통해 우리는 하나님께서 성도와 악인을 어떻게 다르게 취급하시는지 알 수 있습니다. 하나님은 성도를 귀하게 여기시지만, 악인은 천하게 여기십니다. 산헤립 왕은 고귀하게 태어났지만 죄 때문에 천하게 되었습니다. 악인은 아무리 세상에서 높은 위치에 있다고 하더라도, 하나님은 그들을 멸시하십니다. 거름 무더기는 아무리 높이 쌓더라도 악취만 풍길 뿐입니다. 그들은 모두 더럽고 고약한 냄새를 풍깁니다.(시 14:3)

성경에서 악인은 개나 돼지(벧후 2:22), 또는 찌꺼기(겔 22:19)로 비유됩니다. 찌꺼기는 금속을 주조하고 남은 것입니다. 또, 죄인은 곡식 껍질에 비유되기도 합니다.(시 1:4) 악인은 죽어서 바람에 흩날리는 겨만 날릴 뿐입니다. 죄인은 세상에서 가장 하찮은 존재이며, 살아서도 무가치하고 죽어서도 아무 쓸모가 없습니다! 죄인은 두꺼비나 뱀보다도 못합니다. 두꺼비는 하나님의 뜻에 따르지만, 악인은 마귀의 뜻에 따릅니다. 그들의 마음은 사탄이 가득해 성령님을 속입니다.(행 5:3)

4) 이 구절을 통해 우리는 경건한 자를 얼마나 존귀하게 여겨야 하는지 알 수 있습니다. 경건한 자는 보석이며 영광스러운 피

조물입니다. 그들은 별처럼 아름다우며(계 1:20), 향료처럼 향기롭습니다. (아 4:14) 그들은 지상에서 가장 존귀한 존재입니다. (시 16:3) 이 땅은 장차 주께서 멸망시키실 것이지만, 성도들은 보석처럼 보존하실 것입니다. 성도들이 아무리 가난하고 비참한 처지에 있다고 해도 우리는 그들을 존귀하게 여겨야 합니다. 다이아몬드가 진흙 속에 파묻혀 있어도 여전히 귀한 것과 마찬가지입니다. 세례 요한은 낙타 털로 만든 옷을 입고 가죽끈으로 허리를 매고 메뚜기와 천연 꿀을 먹으며 지냈지만, 그는 하나님께 매우 귀중한 보석이었습니다. (마 11:9) 그는 이 세상에 의의 태양이 뜨는 것을 알리는 샛별이었습니다. 성도들은 그 안에 하나님께서 함께 거하시기 때문에 존귀합니다. (사 57:15)

5) 이 구절을 통해 우리는 성도들이 안전하다는 것을 알 수 있습니다. 그들은 하나님의 보석이며, 따라서 하나님은 그들을 매우 아끼며 보존하십니다. 사람들도 자기의 보석을 잃어버리지 않도록 매우 조심합니다. 하나님은 성도들이 이 세상에서 어려움을 겪을 때 구원해주십니다. 폭풍우가 몰아칠 때 그들을 안전한 곳으로 피신시키십니다. 하나님은 이세벨이 핍박할 때 선지자 백 명을 동굴에 숨기셨습니다. (왕상 18:4) 천사들이 이 땅에 저주를 내리기 전에 먼저 성도들의 이마에 표를 남겨 안전

하게 했습니다.(계 7:3) 하나님은 〈그들 중 한 사람도 잃지 않는다〉(요 17:12)라고 하시며 성도들의 영혼을 보호해주십니다.

내가 그들에게 영생을 주며, 그들은 영원히 멸망하지 않을 것이다. 누구도 그들을 내 손에서 빼앗을 수 없다.(요 10:28)

6) 성도들이 하나님의 보석이라면, 성도를 괴롭히는 자들에게 임할 하나님의 진도가 얼마나 무섭겠습니까! 로마 황제 테오도시우스도 자신의 동상을 모욕하는 사람을 반역자로 간주했습니다. 그런데 하나님의 보석인 성도들을 핍박하고 짓밟는 자들은 나중에 어떻게 되겠습니까! 하나님은 성도들이 흘리는 피를 마음에 담아두십니다! 주님은 성도들이 받는 핍박을 자신이 직접 받는 것과 동일하게 여기십니다. 그래서 성도들을 핍박한 사울에게 〈네가 어찌하여 나를 핍박하느냐?〉(행 9:4)라고 하셨습니다. 발이 밟히면 그 고통이 머리에도 전달됩니다. 성도들은 하나님의 왕관입니다.(사 62:3) 어떤 왕이 자기 망토에 침을 뱉고 왕관을 진흙탕에 던지는 자들을 가만히 두겠습니까! 주님은 성도를 위해 세상의 왕들을 꾸짖으십니다!(시 105:14) 그리스도인을 박해했던 로마 황제들에게 하나님께서 어떻게 갚아주셨습니까! 하나님은 택하신 자들의 억울함을 속히 풀어주실 것입니

다! (눅 18:7~8) 하나님은 박해자들에게 진노의 화살을 퍼부으십니다. (시 7:13)

> 예루살렘을 친 모든 민족에게 여호와께서 재앙을 내리실 것이다. 그들은 발로 서 있는 채로 살이 썩고, 눈이 눈구멍 속에서 썩고, 혀가 입안에서 썩을 것이다. (슥 14:12)

적용2) 위로

세상이 하나님의 백성을 멸시하더라도, 하나님은 그들을 보석처럼 여기십니다. 하나님의 심판은 진리대로 임합니다. (롬 2:2) 악인은 의인을 하찮게 여깁니다. 그들은 하나님의 보석이 지닌 가치를 깎아내리려고 온갖 수단을 동원합니다. 마치 쓰레기처럼 업신여기며 비방과 욕설을 퍼붓습니다. 엘리야 선지자도 아합 왕에게 〈이스라엘을 괴롭게 하는 자〉(왕상 18:17) 취급을 받았으며, 루터는 〈반역자의 나팔수〉로 불리었습니다. 바울은 〈전염병〉(행 24:5)으로 여겨졌습니다. 악인들은 그리스도인을 〈이 땅의 찌꺼기와 세상의 쓰레기〉(고전 4:13)로 여기며 이 세상에서 몰살시켜야 한다고 생각합니다.

성도들은 세상에서 이처럼 하찮게 평가되지만, 하나님은 그들을 높게 평가하며 보석처럼 여기십니다! 그들은 금이나 은과 같습니다. (계 1:20) 하나님의 형상이 새겨진 동전과 메달입니다. 온 땅의 군주들입니다. 아론의 흉패에 열두 지파를 상징하는 보석을 박았던 것처럼, 그리스도는 그들의 이름을 가슴에 새기셨습니다. 하나님은 이 보석들을 속량하기 위해 나라를 통째로 주실 것입니다. (사 43:3) 악인들은 경건한 자를 이 세상에서 살 가치가 없다고 여기며 〈그를 없애라. 그는 살 가치가 없다〉(행 22:22)라고 소리칩니다. 하지만 하나님은 오히려 세상이 그들을 감당하지 못한다고 하십니다. (히 11:38) 그래서 하나님은 이 보석들을 속히 천국의 보물 창고로 데려가실 것입니다!

적용3) 하나님의 백성에게 주는 권면

1) 여러분은 하나님의 보석입니까? 그렇다면 보석답게 빛나십시오! 신중하고 거룩하게 사십시오!

> 이는 너희가 흠 없고 정결하여, 뒤틀리고 부패한 세대에서 책망할 것이 없는 하나님의 자녀로서 세상에서 별처럼 빛나게 하려는 것이다. (빌 2:15)

하나님의 보석답게 세상으로 하여금 여러분의 가치를 알게 하십시오. 성도 여러분, 그리스도를 본받는 삶을 사십시오. 순교자 브래드퍼드는 생전에 너무도 겸손하고 순결한 삶을 살아서 그가 죽었을 때 심지어 교황주의자 중에서도 여러 명이 슬피 울었다고 합니다!

여러분은 하나님의 보석입니까? 그렇다면 빛을 잃어버릴만한 일을 멀리하십시오! 교회 다니는 사람이 교만하고 질투하며 비판적이고 약속을 어기며 사기 친다면 그들은 성도가 아닙니다! 그들은 하나님의 보석이 아니라 마귀의 폐석입니다! 다른 사람보다 고귀한 척하는 사람이여, 당신을 부르신 그분의 이름을 높이며 이 땅에서 천사처럼 빛을 발하십시오!

> 너희는 택함 받은 족속이며, 고귀한 제사장이고, 거룩한 나라며, 그분의 소유된 백성이니, 이는 너희를 어둠에서 그분의 놀라운 빛으로 불러내신 분을 찬양하게 하려는 것이다. (벧전 2:9)

하나님의 백성은 은혜가 넘치는 삶을 살아야 합니다. 진흙과 다이아몬드가 전혀 다른 것처럼 악인과 성도의 행동도 전혀 달라야 합니다! 천국의 상속자답게 사십시오. 주님은 하나님의 백성인 여러분이 거룩한 삶을 살 것을 기대하십니다. (마 5:47) 주님은 여러분의 삶을 통해 영광 받기를 원하시며 여러분의 경건한 삶을 보고 다른 형제들도 경건해지길 바라십시오.

2) 성도들은 마땅히 감사해야 합니다. 하나님은 여러분을 부패한 인류 가운데서 불러 그분의 보석으로 삼아주셨습니다! 하나님은 〈가난한 자를 진흙탕에서 일으키셔서〉(시 113:7) 군주들과 함께 세우시는 분입니다. 이처럼 하나님은 여러분도 세상의 진흙탕에서 일으키셔서 고귀하게 하시고 천상의 천사들과 함께 세우십니다. 아, 하나님을 찬양하십시오! 값없이 주시는 그분의 은혜를 찬송하십시오! 하나님은 우리가 즐거워하고 감사하는 것을 기뻐하십니다. 회개는 천국의 기쁨이고 찬송은 천국의 음악입니다. 여러분을 변화시키신 하나님께 송축하십시오! 주님은 죄와 오물 덩어리였던 여러분을 그분의 보석으로 삼아주셨습니다!

3) 하나님께서 그분의 보석을 완성하실 날이 속히 올 것입니다.

질문1) 하나님께서 그분의 보석을 완성한다는 것이 어떤 의미인가요?

답변) 보석을 만드는 것과 보석을 완성하는 것에는 차이가 있습니다. 보석을 만드는 것은 이 땅에서 우리의 마음에 은혜를 부어주시는 것을 뜻합니다. 그렇다면 보석을 완성하는 것이란 무엇일까요? 두 가지 의미가 있습니다.

첫째, 보석을 완성한다는 것은 하나님께서 성도들을 모두 한데 모으신다는 의미입니다. 이 땅에서 성도들은 마치 다이아몬드 파편처럼 전 세계에 뿔뿔이 흩어져 있습니다. 하지만 하나님께서 진주를 실에 꿰어 목걸이를 만들듯이 흩어진 성도를 모두 한데 모으실 날이 임할 것입니다. 이처럼 성도들을 한 자리에 모으시는 이유는 두 가지가 있습니다. 우선 그들이 삼위일체 하나님과 모두 친밀한 관계를 맺어야 하기 때문입니다. 하나님 아버지는 이 보석들을 택하여 따로 구별하셨습니다. (시 4:3) 그리스도는 이 보석들을 위해 보혈을 흘리셨습니다. 성령님은 이들을 거룩하게 하십니다. 하나님은 이들이 죄에 빠져 있을 때 그들을 보석으로 만드셨고 값을 치르셨는데, 이런 자들을 하나님께서 잃어버리도록 내버려 두시겠습니까? 하나님은 이들을 잃어버리지 않도록 실에 꿰어 진주 목걸이로 만들고 하늘의 보물 창고에 소중히 간직하실 것입니다.

또, 흩어진 성도들이 한자리에 모이는 것은 그리스도께서 그것을 위해 기도하셨기 때문입니다. 그리스도는 아버지께 이 보석들을 한데 모아 천국에서 함께 있게 해달라고 기도하셨습니다. (요 17:24) 택함 받은 모든 보석이 품에 안길 때까지 그리스도는 만족하지 않을 것입니다. 모든 성도가 그분과 함께 거할 때 비로소 주님은 자신의 사역을 완성하였다고 생각하실 것입니다.

하나님의 백성은 두 가지 상황에서 하나님께서 주시는 주권적인 위로를 얻습니다. 그들은 뿔뿔이 흩어진 상황에서도 위로를 얻습니다. 하나님의 백성은 전 세계에 흩어져 있으며, 그뿐 아니라 이 보석들은 악인들의 쓰레기 더미에 섞여 있습니다! 다윗은 〈게달의 장막에 거하는 것이 내게 화로다〉(시 120:5)라고 했습니다. 게달은 이스마엘의 아들입니다. 다윗은 〈이스마엘의 자손과 함께 거하는 것이 내게 화로다〉라고 한 것입니다. 악인은 지금도 의인들을 괴롭힙니다. 하나님의 보석들은 사악한 무리 사이에 흩어져 있습니다. 하지만 하나님께서 곧 그분의 백성을 악인들 사이에서 모아 보석을 완성하실 것이며, 하나님의 귀한 보석들은 주님과 함께 기쁨 가운데 거할 것입니다!

또, 하나님의 백성은 분열된 상황에서도 위로를 얻습니다. 오늘날 하나님의 백성은 사랑이 부족하여 서로 분열되어 있습니다. 그래서 서로를 의심스러운 눈으로 보기도 합니다. 이런 분열은 마치 하나님의 다이아몬드에 금이 간 것과 같습니다. 그리스도인 사이의 불화는 참된 신앙에 먹칠을 하고 사탄의 왕국을 이롭게 하며 은혜의 성장을 방해합니다. 하지만 하나님은 곧 그분의 보석을 완성하실 것이며 성도들을 모두 모아 연합되게 할 것입니다. 그들은 모두 한마음이 될 것입니다.(행 2:46) 하나의 줄로 엮인 수많은 진주처럼 성도들이 함께 하나가 된 모습은 얼마나 아름답겠습니까!

둘째, 보석을 완성한다는 것은 하나님께서 성도들을 완전하게 하신다는 의미입니다. 무언가 완성되었다는 것은 그것이 완벽한 상태가 되었다는 뜻입니다. 가령 시계를 만들 때도 톱니바퀴와 핀을 모두 완벽하게 조립해야지 완성됩니다. 마찬가지로 하나님께서 그분의 보석을 완성한다는 말은 그것을 완벽하게 한다는 뜻입니다. 현재 삶에서 성도는 불완전한 상태입니다. 그들은 겨우 희미하게나마 거룩한 빛을 발산할 뿐입니다. 아직 〈성령의 첫 열매〉(롬 8:23)만 받았을 뿐이며, 이것은 하나님께서 주시는 은혜의 작은 부분에 불과합니다. 그것은 포도 농장 전체에서 겨우 한 줌의 포도 정도밖에 안 되는 양입니다.

이 사실을 생각해보면 우리는 겸손해질 수밖에 없습니다. 우리는 하나님의 보석이지만 아직 불완전한 상태입니다. 우리의 지식은 부족하고 하나님을 향한 사랑은 희미합니다. 따라서 우리는 흠집이 있는 다이아몬드입니다. 우리가 얼마나 불완전하고 흠이 많은지 알면 우리의 교만한 마음은 한풀 꺾일 것입니다. 그런데 하나님은 이 보석들을 완성하셔서 완벽하게 하실 것입니다. 그때는 매우 영광스러운 날이 될 것입니다.

질문2) 하나님께서 보석을 완성하시는 날은 언제입니까?

첫째, 하나님은 그분의 보석이 죽음을 맞이할 때 완성하십니다. 그때 하나님은 성도에게 완전한 은혜를 내려주십니다. 그래서 성도는 이 세상을 떠날 때 비로소 온전해집니다. (히 12:23) 그리스도인 안에는 죄가 섞여 있기 때문에 완전히 거룩해지기 위해서는 먼저 안에 있는 죄를 완전히 지워 없애야 합니다. 지금은 하나님의 은혜로 죄가 억제되긴 하지만 우리의 부패함이 완전히 사라진 것은 아닙니다. 하지만 우리가 죽음을 맞이할 때 하나님은 보석을 완성하시며 그분의 백성에게 완전한 은혜를 내려주십니다. 그때가 되면 우리는 더 이상 헛된 생각을 품지도 않고 유혹을 받지도 않으며 다시 타락하지도 않습니다.

이런 의미에서 성도는 오히려 죽음을 고대하며, 주님께서 완전한 은혜를 내려주실 그 날을 기다립니다. 그 날에 성도는 그들이 기대하고, 또 하나님께서 바라시는 만큼 충분히 거룩한 상태가 될 것입니다. 흠 없이 완전해진 하나님의 보석은 얼마나 찬란하게 빛나겠습니까! 죽음을 맞이하여 하나님께서 그분의 보석을 완성하시면, 성도들의 빛은 투명하게 빛날 것이며 그들의 사랑은 완전해질 것입니다.

그날에 성도들의 빛은 투명하게 빛나며, 〈하나님의 깊은 것〉까지 이해하게 될 것입니다. 그들은 마치 하늘의 천사들과 같아질 것입니다.(마 22:30) 지금보다 이해력이 훨씬 향상될 것입니다. 그리스도를 통해 하나님의 영광을 온전히 보게 될 것입니다. 주님이 우리를 아시는 것처럼 우리도 온전히 알게 될 것이며(고전 13:12), 모든 수수께끼는 풀릴 것입니다!

또, 그날에 성도들의 사랑은 완전해질 것입니다. 사랑은 모든 은혜 중에 으뜸인 은혜의 여왕입니다. 지금은 하나님을 향한 사랑이 미지근하고 때로는 차갑게 식어버려 애통할 때도 있습니다. 하지만 죽음을 맞이하고 하나님께서 보석을 완성하시면 성도들은 천사들처럼 하나님을 사랑하게 될 것입니다. 사랑의 불꽃이 활활 타올라 하나님을 원하는 만큼 충분히 사랑하게 될 것입니다. 그들의 사랑은 아무런 흠 없는 온전한 사랑으로 완성될 것입니다. 보석이 완성되는 그 날에 성도들은 찬란하게 빛날 것입니다.

둘째, 하나님은 또한 부활의 날에 그분의 보석을 완성하실 것입니다. 그때가 되면 성도들의 몸은 완전해질 것입니다. 그러면 그들은 다이아몬드처럼 영광스럽게 빛날 것입니다! 하나님은 부활의 날에 성도들의 몸을 변화시켜주신다고 하셨습니다.

> **그분은 모든 것을 자신에게 복종시키는 능력으로 우리의 천한 몸을 자기의 영광스러운 몸처럼 변화시키실 것이다.** (빌 3:21)

하나님은 어떻게 그들을 변화시키실까요? 형태는 지금과 그렇게 달라지지 않을 것입니다. 변화되는 것은 본질이 아니라 품질입니다. 양모를 자주색으로 염색하더라도 양모 자체의 본질은 변하지 않고 품질이 더욱 화려해지는 것과 마찬가지입니다. 이처럼 하나님도 그분의 보석을 완성하실 때 성도들의 몸을 예전보다 더욱 찬란하게 바꿔주실 것입니다.

하나님께서 부활의 날에 보석을 완성하실 때, 성도들은 몸은 네 가지 측면에서 완전해질 것입니다.

첫째, 성도들의 몸은 아름답게 변화됩니다. 이 땅에서는 의인이라 할지라도 불편한 몸을 가지는 경우가 적지 않습니다. 레아는 눈이 약했으며, 바르실래는 다리를 절었습니다. 하지만 부활했을 때 성도들의 몸은 흠 없이 아름답게 변화될 것입니다. 이는 그들이 그리스도의 영광스러운 모습을 닮을 것이기 때문입니다.(빌 3:21)

둘째, 성도들의 몸은 모든 지체가 완전해집니다. 이 세상에서 불구자였던 사람도 부활의 날에는 전신이 완전한 상태로 회복될 것입니다.(행 3:21) 눈이나 팔, 다리가 없는 사람도 그때는 다시 생길 것입니다.

셋째, 성도들의 몸은 민첩하고 생기가 넘치게 됩니다. 이 땅에서는 몸이 무거워 움직이기 힘들지만, 그때가 되면 성도들은 날개를 단 것처럼 신속하게 움직일 것입니다.

넷째, 성도들의 몸은 영원히 죽지 않게 됩니다. 영화롭게 된 몸은 결코 죽음에 굴복하지 않습니다! 소멸할 이 땅의 몸이 결코 죽지 않는 천상의 몸으로 변화되는 것입니다!(고전 15:53) 천국의 삶은 건강하고 활기차며 죽음을 알리는 종소리가 울리지 않습니다. 죽을 수밖에 없는 이 몸은 죽지 않는 몸으로 변화될 것입니다. 하나님께서 그분의 보석을 완성하시는 날에 우리의 몸과 영혼은 완전하고 영화롭게 될 것을 기대하며, 우리도 최선을 다해야 합니다.

질문) 우리가 하나님의 보석인지 어떻게 알 수 있나요?

답변) 우리에게 거룩함이 있는지 살펴보면 됩니다. 믿는 자는 성령으로 씻음 받고 거룩하게 되었습니다. (고전 6:11) 우리는 처음부터 하나님의 보석으로 창조된 것이 아니라, 거듭남을 통해 하나님의 보석이 됩니다. 우리 안에 거룩함이 있다면 그것이 곧 우리가 하나님의 보석이 되었다는 증거이며, 하나님께서 보석을 완성하실 때 우리 몸과 영혼은 영원히 영화롭게 될 것입니다!

4. 성도들을 감싸주심

성도에게 주어지는 세 번째 보상은 하나님께서 그들을 감싸주신다는 것입니다.

> 사람이 자기를 섬기는 아들을 감싸주는 것처럼, 내가 그들을 감싸줄 것이다. (말 3:17)

히브리어로 〈감싸주다〉는 관용을 베푼다는 뜻입니다. 그러므로 〈내가 그들을 감싸줄 것이다〉라는 구절에는 〈내가 그들을 아버지가 아들을 대하는 것처럼 다룰 것이다. 아버지가 자녀에게 상냥하게 대하듯이, 나도 나를 두려워하는 자에게 그렇게 할 것이다〉라는 의미가 담겨 있습니다.

교훈) 하나님은 그분을 두려워하는 자에게 아버지가 자녀에게 하듯이 상냥하게 대하십니다.

1) 하나님은 아버지이십니다. 하나님은 창조를 통해 우리의 아버지가 되셨습니다.

> **우리가 모두 한 아버지를 모시지 않느냐? 한 분 하나님께서 우리를 창조하시지 않았느냐?** (말 2:10)

하나님은 또한 택하심을 통해 우리의 아버지가 되셨으며, 우리를 택하셔서 그분의 자녀로 삼으셨습니다. (엡 1:4) 또, 하나님은 특별한 은혜를 통해 우리의 아버지가 되셨으며, 우리에게 그분의 거룩한 형상을 새겨주십니다. (골 3:10) 하나님의 자녀는 정도의 차이가 있지만 모두 하나님을 닮아갑니다.

2) 하나님은 그분을 두려워하는 자를 자애로운 아버지가 순종

하는 자녀를 대하듯 하십니다. 하나님은 아버지가 아들을 안아주는 것처럼 우리를 받아주십니다. 아이가 아직 말이 서툴러도 아버지는 모두 기쁘게 받아줍니다. 마찬가지로 하나님도 아버지로서 신실한 자녀들을 모두 받아주십니다.

> **내가 너희에게 제사를 드리게 하고, 너희를 그 향기와 함께 받아줄 것이다.** (겔 20:40~41)

하나님은 그분을 두려워하는 자들에게 아버지가 아들을 대하듯 긍휼을 베푸십니다. 아버지는 자식을 긍휼히 여깁니다. 하나님도 그분의 자녀에게 관대하고 긍휼하게 대하십니다. (사 63:15) 하나님께서 베푸시는 긍휼이 대리석이라면, 사람의 부모가 베푸는 긍휼은 강철이라 할 수 있습니다. 그만큼 하나님의 자비는 다정하고 섬세합니다. (눅 1:78) 헬라어로 긍휼은 자비로운 감정을 뜻합니다. 이것은 하나님으로 하여금 곤경에 처한 자녀를 불쌍히 여기시게 합니다. 하나님은 그들의 상처를 어루만지시며, 아버지가 자식을 긍휼히 여기듯이 여호와께서도 그분을 두려워하는 자를 긍휼히 여기십니다. (시 103:13)

하나님은 또한 우리를 기뻐하십니다. 야곱이 베냐민을 얼마나 사랑했는지 보십시오! 그는 아들과 목숨이 묶여있는 듯했습니다. (창 44:30) 모든 부모의 사랑은 하나님에게서 나오는 것입니다. 하나님의 사랑이 바다 또는 산불이라면, 부모의 사랑은 물한 방울 또는 불씨 하나에 불과합니다. 하나님의 사랑은 모든 지식을 초월한 사랑입니다. (엡 3:19) 하나님은 성도들이 자신을 사랑하는 것보다 더 많이 그들을 사랑합니다.

하나님은 자녀들의 인격을 사랑하시며, 그들을 눈동자처럼 소중하게 여기십니다. (슥 2:8) 하나님은 그들을 손바닥에 새기셨습니다. (사 49:16) 이것은 마치 사랑하는 사람의 모습을 반지에 새겨서 지니고 다니는 사람을 연상시킵니다.

하나님은 자녀들이 태어난 곳을 사랑하십니다. 하나님은 믿는 자들이 태어난 시온을 사랑하셨습니다. (시 87:2) 하나님은 자녀들이 거닐던 바로 그 땅을 사랑하십니다. 유대가 〈아름다운 땅〉이라고 불린 이유는 무엇입니까? (말 3:12) 그곳에서 과실이 풍성히 맺히기 때문이 아니라, 바로 성도들이 그곳에 살았기 때문입니다.

하나님은 자녀들을 사랑하셔서 세상의 권력자들이 그들을 해치지 못하게 하십니다. 그들은 하나님께 구별된 자들입니다.

주께서 아무도 그들을 압제하지 못하게 하시고, 그들을 위해 왕들에게 〈내 기름 부음 받은 자를 건드리지 마라. 내 선지자들을 해치지 마라〉라고 꾸짖으셨다. (시 105:14~15)

여기서 기름 부음 받은 자들은 곧 성령의 기름부음을 받은 자를 뜻합니다. (요일 2:20)

하나님은 자녀들과 교제하기를 기뻐하시며, 그들의 얼굴을 보는 것을 좋아하십니다. 하나님은 〈네 얼굴을 보여주어라. 네 목소리를 들려주어라. 네 목소리는 감미롭고 얼굴은 곱구나〉(아 2:14)라고 하십니다. 하나님의 자녀 두세 명이 함께 기도하면, 하나님도 그들과 함께하십니다. (마 18:20)

하나님은 자녀들을 너무도 사랑하셔서 결코 눈을 떼지 않으십니다. 여호와의 눈은 그분을 두려워하는 자들 위에 있습니다. (시 33:18) 하지만 하나님의 눈은 자녀들뿐 아니라 악인들 위에도 있는데, 그것이 과연 큰 특권이라 할 수 있을까요? 악인은 재판관이 범죄자를 보는 눈빛으로 보시는 반면, 자녀들은 군주가 총애하는 자를 보는 눈빛으로 보십니다. 악인에게는 심판의 눈으로, 자녀에게는 축복의 눈으로 지켜보십니다.

하나님은 자녀들을 항상 위험에서 지켜주십니다. 하나님은 그들을 초막 안에 숨기십니다.(시 27:5) 황금 깃털로 덮어 그들을 보호하십니다.(시 91:4) 하나님의 자녀는 천사들의 경호를 받기 때문에, 세상의 어떤 왕자보다도 안전합니다. 우리를 지키는 천사들은 불 말과 불 병거로 산을 가득 채울 만큼 많습니다.(왕하 6:17) 하나님은 엘리사를 지키기 위해 수많은 불 말과 불 병거의 군대를 보내셨습니다.

하나님은 자녀들에게 가장 좋은 예복을 입히십니다. 야곱은 요셉을 사랑하여 그에게 다른 형제들과 달리 채색 옷을 입혔습니다.(창 37:3) 하나님도 자녀들을 사랑하여 그들에게 가장 좋은 예복을 입히십니다. 그 옷의 절반은 그리스도의 의이며 절반은 우리 안에 있는 거룩함입니다.(계 19:8)

하나님은 자녀들에게 항상 좋은 것으로 채워주십니다. 그들에게 신선한 물을 마시게 하며 가장 좋은 곡식과 꿀을 먹이고 기름진 음식으로 잔치를 베푸십니다.(사 25:6) 그들을 위해 독생자의 피와 살까지 내어주셨으며, 상에 둘러앉은 올리브 나무 같은 아이들을 보며 기쁨을 누리게 해주십니다.(시 128:3)

3) 하나님은 아버지가 자식의 간청을 들어주듯이 그분을 두려

워하는 자들의 간구를 들어주십니다. 그들은 은혜의 보좌로 담대히 나갈 수 있습니다.(히 4:16) 죄를 회개하고 용서를 구하거나 유혹에 빠지지 않도록 도움을 구할 때, 하나님은 그것을 거절하지 않으십니다. 성도에게는 기도할 아버지와 도우시는 성령님과 중보하시는 예수 그리스도가 계시기 때문에, 그들은 담대하게 기도할 수 있습니다.

4) 하나님은 아버지가 자식에게 유산을 물려주듯이 그분을 두려워하는 자들에게 유업을 주실 것입니다. 이 유업은 다름 아닌 하나님의 나라입니다!(눅 12:32) 그곳에는 진주로 된 문이 있고 기쁨의 강이 흐르며, 무엇보다 이 땅에서 유산을 받은 자식은 아버지의 죽음 때문에 기뻐할 수 없지만 하늘나라의 유업을 받은 자는 마음껏 기뻐할 수 있습니다. 하나님께서 바로 우리의 아버지이자 유업이시기 때문입니다!(창 15장)

5) 하나님은 그분을 두려워하는 자의 많은 허물을 덮어주십니다. 이것이 〈사람이 자기 아들을 감싸주는 것처럼, 내가 그들을 감싸줄 것이다〉라는 말이 뜻하는 바입니다. 놀랍게도 천사들은 하나님께서 감싸주지 않으셨습니다!(벧후 2:4) 심지어 자신의 독생자마저 감싸주지 않으셨습니다.(롬 8:32) 그런데 양자로 삼으

신 자들은 감싸준다고 하십니다! 그들을 가혹하게 대하지 않고 많은 허물을 덮어주신다고 하십니다.

이것은 하나님의 자녀가 저지른 죄를 숨겨준다는 의미가 아니라, 아버지로서 관용을 베풀어 자녀들의 많은 잘못을 참고 인내하신다는 의미입니다. 하나님은 아버지가 아들을 품어주는 것처럼 그들을 감싸주십니다. 하나님의 백성이 성령님의 경고를 무시하거나 첫사랑을 잃어버려서 하나님의 영을 근심하게 하는 경우가 얼마나 많은지 모릅니다. 그래도 하나님은 그들을 감싸주십니다! 이스라엘 백성도 불평을 늘어놓으며 하나님을 진노하게 했지만, 하나님은 그들에게 아버지로서 관용을 베푸셨습니다. (시 78:38, 느 9:17)

적용1) 알 수 있는 점

1) 아무리 훌륭한 성도라고 해도 하나님의 관용이 필요합니다. 여호와께서 모든 죄악을 지적하신다면 견딜 수 있는 사람은 아무도 없습니다. (시 130:3) 교황주의자는 인간의 공로에 대해 말하지만, 우리가 아무리 최선을 다해도 하나님께서 보시기에는 결점투성이인데 어떻게 우리가 공로를 쌓을 수 있겠습니까! 하나님께서 우리 허물을 덮어주시는 것과 우리가 공로를 쌓는 것

이 어떻게 양립할 수 있겠습니까? 하나님께서 자비를 베풀어주시지 않으면 우리는 어떻게 되겠습니까? 우리는 느헤미야처럼 〈오 하나님, 이 일에 대해 주님의 크신 자비로 저를 덮어주소서〉(느 13:22)라고 기도해야 합니다.

주님, 아버지가 자기 아들을 덮어주듯이 저희를 덮어주소서.

2) 하나님은 경건한 자와 악인을 다르게 대하십니다. 주님은 악인을 덮어주지 않으십니다. 주님은 〈내가 그들을 불쌍히 여기지도, 덮어주지도, 자비롭게 대하지도 않고, 그저 그들을 멸망시킬 것이다!〉(렘 13:14)라고 하십니다. 죄인이 재판관에게 아무리 간청해도 그것을 들어주지 않는 모습은 참 안타깝습니다. 하나님께서 내리시는 진노의 잔은 조금도 희석되지 않습니다. (계 14:10) 오히려 그 안에는 온갖 형벌이 섞여 있습니다. 하지만 자비는 단 한 방울도 섞이지 않습니다. (시 78:45~51) 하나님은 잠시 동안 인간의 죄악을 참아주시지만, 참는 것과 용서하는 것은 전혀 다릅니다. 하나님은 자녀들의 허물을 덮어주시지만, 고집 센 죄인은 하나님의 진노를 고스란히 겪을 것입니다.

3) 하나님께서 우리를 아버지처럼 덮어주신다면, 우리도 아들처럼 하나님을 섬겨야 합니다.

첫째, 우리는 하나님을 자발적으로 섬겨야 합니다.

하나님을 전심으로 기꺼이 섬겨라. 이는 주께서 모든 마음을 살피시고 모든 생각과 의도를 아시기 때문이다. (대상 28:9)

가인은 하나님께 투덜대며 마지못해 제물을 바쳤기 때문에 거절되었습니다. 그것은 자원해서 드리는 제사라기보단 마치 세금을 바치는 듯한 제사였습니다. 벌집에서 자연스레 흘러내린 꿀이 가장 맛있는 것처럼, 하나님은 우리가 자발적으로 순종하는 것을 가장 기뻐하십니다. 때로는 실천에 옮기지 않고 그저 진실한 마음만으로도 하나님은 기쁘게 받아주시지만(왕상 8:18), 반대로 행위만 있고 마음이 없다면 하나님은 그것을 받아주시지 않습니다.

둘째, 우리는 언제 어디서든 하나님을 섬겨야 합니다. 진정한 순종은 때와 장소를 가리지 않습니다. 어떤 명령은 따르고 다른 명령은 따르지 않는 것은 순종이 아닙니다. 아무리 어렵고 위험한 일이라도 순종하는 것이 마땅합니다. 나침반 바늘이 항상 북쪽을 가리키듯, 은혜가 넘치는 마음은 항상 말씀이 가르치는 바에 주의를 기울입니다. (눅 1:6) 부분적으로 순종하는 것은 위선자가 하는 짓입니다. 그들은 일부 죄를 버리지 않고 묵인하며(왕상 5:18), 경건의 의무 또한 일부만 순종합니다. 그들의 순종은 절름발이와 같습니다.

셋째, 우리는 하나님을 신속하게 섬겨야 합니다. 게을러지지 않도록 주의하십시오. 하나님께 순종할 때는 즐거운 마음으로 기운이 넘치게 해야 합니다. 스가랴는 〈두 여자가 날아오고 그들의 날개에서 바람이 일어났다〉(슥 5:9)라는 환상을 보았습니다. 날개는 민첩함을 뜻하며 날개에서 일어난 바람은 신속함을 뜻합니다. 우리도 하나님께 순종할 때 이처럼 신속해야 합니다. 하나님께서 우리를 아들처럼 아껴주시듯이, 우리도 하나님을 아버지처럼 섬겨야 합니다.

적용2) 권면

하나님께서 아들을 대하듯이 우리를 감싸주시는 만큼 우리도 하나님을 본받아야 합니다. 자식이 부모의 행동을 따라 하는 것은 자연스러운 일이며, 자식은 아버지가 하는 일을 똑같이 따라서 배우려는 경향이 있습니다. 하나님께서 우리를 자식처럼 아끼고 허물을 감싸주시는 모습을 본받아서, 우리도 다른 사람이 저지르는 실수를 비난하지 않고 감싸주어야 합니다. 형제의 연약함과 경솔함을 질책하기보다는 부드럽고 불쌍히 여기는 눈으로 보아야 합니다.

실제로 우리는 누군가 잘못을 저질렀을 때 그를 감싸주기보다는 날카롭게 비난합니다. 하지만 그들이 실수로 잘못된 행동을 하였을 경우에는 오히려 불쌍히 여기며 그를 위해 기도해주어야 합니다. 하나님은 우리의 잘못을 얼마나 많이 참아주셨습니까! 하나님께서 우리를 감싸주시는데 우리가 이웃을 감싸주지 않아서야 되겠습니까? 어쩌면 그들은 누명을 쓰고 부당한 대우를 받았을지도 모릅니다. 아리우스파 사람들은 아타나시우스에게 간음죄를 저질렀다는 누명을 씌웠고, 바실리우스는 이단이라고 오해받았습니다. 하나님의 백성은 이 세상에서 많은 오해를 받습니다. 그러므로 우리도 남을 비난하는 일에 주의해야 합니다. 하나님께서 우리를 감싸주셨는데, 우리도 마땅히 형제를 감싸주어야 하지 않겠습니까?

적용3) 위로

이것은 하나님의 자녀가 실패했을 경우에 위로가 됩니다. 주님은 자녀들이 실수를 저질렀을 때 가혹하게 대하지 않고 그들을 감싸주십니다. 주님은 많은 허물을 덮어주시며 사랑하는 마음으로 잠잠하십니다. (습 3:17) 이처럼 하나님은 교회가 실수했을 때 다그치지 않으십니다. 하나님은 〈내 눈이 그들을 가엾게 여겨 멸망시키지 않았다〉(겔 20:17)라고 하시며 우리의 많은 허물을 덮어주십니다. 물론 여기서 허물이란 뻔뻔스러운 죄를 범하는 것이 아니라, 헛된 생각이나 의무를 소홀히 하거나 갑작스러운 유혹에 굴복하는 등의 실수를 뜻합니다. 하나님은 우리가 이런 실수를 뉘우칠 때 그리스도를 봐서 아버지가 아들을 대할 때처럼 감싸주십니다.

이것은 하나님의 말씀에 나오는 위로 중에서도 가장 풍성한 것입니다. 죄를 전혀 짓지 않고 살 수 있는 사람이 어디 있겠습니까? 우리는 아무리 최선을 다해 경건하게 살려고 해도 많은 실수를 저지릅니다. 해야 할 일은 하지 않고, 하지 말아야 할 일은 하는 경우가 너무도 많습니다. 하나님께서 자비를 베풀어주시지 않으면 우리는 모두 지옥에 가야 마땅합니다. 그러니 본문의 이 구절이 얼마나 큰 위로가 되는지 모릅니다. 우리 마음이 신실하기만 하다면, 하나님은 아들을 대하듯이 우리를 감싸주십니다.

내가 나의 맹렬한 분노를 발산하지 않겠다. (호 11:9)

낙심한 그리스도인에게 하나님께서 율법의 가혹함을 덜어주신다는 말보다 더 큰 힘이 되는 것이 있을까요? 비록 우리는 경건의 의무를 다하지 못할 때가 많지만 그래도 하나님은 그분의 자비를 거두지 않으십니다.

의인과 악인의 운명

그리고 너희는 의인과 악인, 하나님을 섬기는 자와 그렇지 않은 자의 차이를 다시 보게 될 것이다. (말 3:18)

이제 본문의 마지막 부분을 살펴볼 차례입니다. 학식 있는 주석가들은 이 구절이 악인을 대상으로 하신 말씀이라고 주장합니다. 경건한 자는 이런 말씀이 없더라도 마지막 때에 하나님께서 그들에게는 자비를 베푸시고 악인에게는 엄격하게 하시는 것을 눈으로 보고 그들과 악인의 차이를 극명하게 알 수 있습니다. 14~15절을 보면 본문 구절이 악인들에게 하신 말씀이란 것을 확실히 알 수 있습니다.

너희가 〈하나님을 섬기는 일이 헛되다. 악을 행하는 자들이 부자가 되고 하나님을 모욕하는 자가 벌을 받지 않으니 이제부터 교만한 자들이 복되다고 하자〉라고 말하였다. (말 3:14~15)

하나님은 〈비록 너희가 지금은 교만한 자가 행복하고 경건한 자는 어리석다고 하지만, 내가 나의 보석들을 완성하는 날에 너희는 나를 섬기는 의인과 그렇지 않은 악인이 어떻게 다른지 확실히 볼 것이다. 그때가 되면 더 이상 은혜의 시기는 지나가고 자비의 다리는 들어 올려지며 거룩한 자와 불경한 자의 차이를 너희가 분명히 알게 될 것이다〉라고 말씀하십니다!

교훈1) 현재의 악인은 눈이 멀어 있습니다!

> 오늘날까지 여호와께서 너희에게 깨닫는 마음과 보는 눈과 듣는 귀를 주시지 않았다. (신 29:4)

> 검이 그의 팔을 자르고 오른 눈을 찌를 것이다. 그의 팔은 불구가 되며 오른 눈은 완전히 멀 것이다. (슥 11:17)

그들은 경건한 자와 불경건한 자의 차이를 못 봅니다. 그들의 눈에는 악인과 의인의 차이가 없어 보이며, 오히려 악인이 더욱 번영하는 것처럼 보입니다. 확실히 〈이들은 세상에서 번창

하는 불경건한 자들이며, 그들의 재산은 늘어난다〉(시 73:12)라는 말씀처럼 악인은 번영합니다. 반면 기도하고 금식하는 자는 핍박 받습니다. 악인들은 자화자찬하며 의인보다 더 나은 삶을 산다고 생각합니다. 이 세상의 신이 죄인의 마음을 어둡게 하였기 때문에 이것이 결코 이상한 일은 아닙니다.(고후 4:4) 하지만 마지막 날에 그들의 눈은 활짝 열려 진실을 알게 될 것입니다.

교훈2) 불경하고 사악한 죄인들이 그들과 경건한 자의 차이를 분명히 볼 날이 속히 올 것입니다. 그때가 되면 상황은 완전히 뒤바뀝니다.

> 그리고 너희는 의인과 악인, 하나님을 섬기는 자와 그렇지 않은 자의 차이를 다시 보게 될 것이다.

질문) 죄인들의 눈이 열려서 의인과 악인의 차이를 보게 될 때는 언제인가요?

답변) 죄인들이 의인과 악인의 차이를 확실히 보게 될 때는 두 가지가 있습니다. 첫째, 심판을 받는 날에 명확히 구분될 것입니다. 그때 의인은 용서를 받고 악인은 정죄를 받아 서로의 차이가 분명해질 것입니다. 둘째, 하나님께서 알곡과 쭉정이를 키로 분리하는 것처럼 타락한 자를 택한 자와 분리하실 때 의인과 악인은 확연히 구분될 것입니다.

> 모든 민족이 그 앞에 설 것이며, 그는 목자가 양과 염소를 구분하듯이 그들을 나누어 양은 오른편에 염소는 왼편에 둘 것이다. 그들은 영원한 형벌에 던져지며, 의인은 영원한 생명에 들어갈 것이다. (마 25:32~33, 46)

예수 그리스도는 그분의 성도들을 데리고 영광으로 들어가시며, 악인은 지옥에 내던지실 것입니다. 주님은 경건한 자들을 보석처럼 완성하실 것이고 악인은 태우기 위해 단으로 묶어두실 것입니다. (마 13:30) 그때 악인은 하나님의 처벌을 깨닫고 의인과 악인의 상태가 다르다는 것을 확실히 알 것입니다! 그들은 의인이 하늘나라에 들어가며 자기들은 불타는 감옥에 던져지는 모습을 볼 것입니다!

지옥의 모습은 상상만 해도 끔찍합니다. 그곳에서 들리는 비명을 한 시간만 들어도 더 이상 의인과 악인의 처지가 다를 바 없다는 소리는 꺼내지도 못할 것입니다! 지옥에서는 〈칠흑 같은 어둠〉(유 1:13) 속에서 〈어둠의 사슬〉(벧후 2:4)에 묶여 끊임없는 고통을 겪습니다. 하나님은 이 사슬로 죄인을 진노 아래 묶어두도록 명하십니다. 악인은 하나님의 진노하시는 불길 속에서 영원히 고통받을 것입니다. 그들이 고통받는 연기가 영원토록 올라갈 것입니다.(계 14:11)

그리스도께서도 십자가의 고통이 끝나고 〈다 이루었다〉라고 말씀하셨습니다. 하지만 죄인들이 지옥에서 받을 고통은 결코 끝나지 않습니다. 수천 년을 고통받더라도 그것은 바닷물 한 방울 정도에 지나지 않으며, 영원한 시간에 비하면 겨우 시작에 불과합니다.

적용1) 알 수 있는 점

이것은 모든 악인에게 그들이 현재 눈이 먼 상태이며 마지막 때에 그의 눈을 가리던 막이 벗겨져 모든 것을 보게 된다는 사실을 알려줍니다. 지금 그들은 자신이 행복하다고 생각하며 하나님의 백성을 조롱의 눈빛으로 바라봅니다. 그들은 성도를 욕하고 비방하며 저주합니다. 하지만 그리스도께 속한 자와 마귀에게 속한 자의 결말을 그들이 분명히 보게 될 날이 속히 올 것입니다. 모세가 고라와 그의 무리에게 〈내일 여호와께서 누가 그분께 속한 자인지 보이실 것이다〉(민 16:5)라고 말했던 것처럼, 심판의 날에 주님은 누가 그분께 속한 자이며 누가 속하지 않은 자인지 분명히 보이실 것입니다. 아니, 그 전에 죽음을 맞이할 때 악인은 자신의 영원한 운명을 실감할 것입니다! 아, 어서 죄인들의 눈이 열려서 그들이 거룩함의 아름다움과 죄의 끔찍함을 볼 수 있게 되기를 바랍니다.

적용2) 의인을 위한 위로

비록 현재는 의인들이 무시당하고 세상의 증오를 받는 처지에 있지만, 곧 하나님께서 그들과 악인의 차이를 분명히 보이실 것입니다. 바로의 두 관원의 경우, 처음에는 둘의 처지가 다를 바 없어 보였지만 얼마 뒤 그들이 맞이한 운명은 전혀 달랐습니다. 바로의 술잔을 맡은 관원은 명예를 회복했지만, 빵 굽는 관원은 사형에 처해졌습니다. (창 40:21~22) 따라서 지금은 비록 하나님의 백성이 비참하고 멸시를 당하며 악인은 우쭐하고 거만하더라도, 심판의 날이 임하면 그들은 최종적으로 분리되어 의인은 영광을 얻고 악인은 멸망될 것입니다.

> 그들은 영원한 형벌에 던져지며, 의인은 영원한 생명에 들어갈 것이다. (마 25:46)

그러므로 하나님의 성도여, 용기를 내서 거룩한 길을 계속 걸어가십시오. 비록 지금은 가장 낮은 처지에 있는 것 같지만, 부활했을 때는 가장 높은 자리에 앉을 것입니다.

아침에는 올바른 자들이 그들을 다스릴 것이다. (시 49:14)

성도들은 부활의 아침에 악인들을 다스릴 것입니다. 그때는 오히려 의인들이 악인들을 비웃을 것입니다. (시 52:6)

그때 너희는 의인과 악인, 하나님을 섬기는 자와 그렇지 않은 자의 차이를 다시 보게 될 것이다.

출판사 소개

프리스브러리는 Pristine(오염되지 않은)과 Library(도서관)의 합성어로 종교개혁가와 청교도 같은 신앙 선배들이 남긴 믿음의 유산을 보존하고 널리 알리기 위해 설립되었습니다.

한국은 미국 다음으로 많은 신앙 도서가 출간되는 기독교 강국이지만 아직 국내에 소개되지 않은 주옥같은 책이 너무도 많습니다. 또한, 이미 출판되었다고 해도 번역이 난해해서 읽기 어렵거나 판매량이 저조해 절판된 책도 적지 않습니다.

프리스브러리는 엄선된 기독교 고전 작가의 저서 중에서 한 번도 국내에 출판되지 않았거나 절판되어 구하기 힘든 책을 재번역해 〈디지털 소량 출판〉과 〈전자책〉을 통해 비록 판매량이 적더라도 절판되지 않고 언제든 쉽게 찾아볼 수 있게 하고 있습니다.

아울러 장래에는 국내 뿐 아니라 일본, 중국, 동남아 등 다양한 언어로 번역해 전자책으로 만들어 무료로 배포할 계획을 세우고 있으며, 이를 통해 〈선교 한류〉의 붐이 일어나기를 꿈꾸고 있습니다.

이런 프리스브러리의 비전을 함께 이루고 싶으신 분은 새로운 책이 한 권 나올 때마다 격려하는 차원에서 아래 계좌로 1만원씩 후원해주세요. 후원금은 모두 다음 신간의 번역과 출판 비용으로 사용됩니다.

후원 계좌: 씨티은행 533-50447-264-01 (정시용)

출판사 소개

프리스브러리는 Pristine(오염되지 않은)과 Library(도서관)의 합성어로 종교개혁가와 청교도 같은 신앙 선배들이 남긴 믿음의 유산을 보존하고 널리 알리기 위해 설립되었습니다.

한국은 미국 다음으로 많은 신앙 도서가 출간되는 기독교 강국이지만 아직 국내에 소개되지 않은 주옥같은 책이 너무도 많습니다. 또한, 이미 출판되었다고 해도 번역이 난해해서 읽기 어렵거나 판매량이 저조해 절판된 책도 적지 않습니다.

프리스브러리는 엄선된 기독교 고전 작가의 저서 중에서 한 번도 국내에 출판되지 않았거나 절판되어 구하기 힘든 책을 재번역해 〈디지털 소량 출판〉과 〈전자책〉을 통해 비록 판매량이 적더라도 절판되지 않고 언제든 쉽게 찾아볼 수 있게 하고 있습니다.

아울러 장래에는 국내 뿐 아니라 일본, 중국, 동남아 등 다양한 언어로 번역해 전자책으로 만들어 무료로 배포할 계획을 세우고 있으며, 이를 통해 〈선교 한류〉의 붐이 일어나기를 꿈꾸고 있습니다.

이런 프리스브러리의 비전을 함께 이루고 싶으신 분은 새로운 책이 한 권 나올 때마다 격려하는 차원에서 아래 계좌로 1만원씩 후원해주세요. 후원금은 모두 다음 신간의 번역과 출판 비용으로 사용됩니다.

후원 계좌: 씨티은행 533-50447-264-01 (정시용)